江戸時代はアンダーグラウンド

UNDERGROUND OF EDO PERIOD

安藤優一郎 著

彩図社

はじめに

古今東西を問わず、どの地域や国家にも表と裏の社会がある。江戸時代の日本にも、無法者たちが集う裏社会は存在したが、実は表の社会でも、法を無視したアンダーグラウンドな光景は珍しくなかった。

江戸の人々は武士であれ庶民であれ、建前だけでは世渡りできない現実に直面すると、非合法な手法を使うことでリスクを乗り切った。支配側の幕府や藩もそうした禁じ手は黙認しており、双方は共犯関係にあった。一発アウトと言ってもよいようなグレーゾーンな世界が、実は社会体制の安定に寄与していたのだ。

江戸時代は封建社会ということで硬直化した社会のイメージが今なお強いが、その内実は柔軟性に富んでいた。人々は建前と本音を巧妙に使い分けることで、アンダーグラウンドな世界に身を置きながらも、江戸の社会をしたたかに生き抜いたのである。

本書は、そんなアンダーグラウンドな世界を四つの視点からあぶり出すことで、江戸時代の実像と虚像に迫るものである。

第一章「武士編～士農工商の虚実」では、「武士は食わねど高楊枝《たかようじ》」というイメージとは真逆の武士社会の現実に注目する。武士は金と無縁な存在であるべきという価値観は有名無実なものとなっており、武士身分も金で売買された。

第二章「庶民編〜建前と本音の賢い使い分け」では、町人や農民などの庶民が法や規則の網をすり抜ける形で日々の生活を送っていた光景を追う。幕府はそんな庶民のアンダーグラウンドな活動を黙認していた。

第三章「将軍編〜謎に満ちた江戸城」では、厳しい情報統制下に置かれた将軍の生活に焦点を当てる。情報操作によって命日まで偽造されていた一方で、大奥に勤務する役人や奥女中から将軍の極秘情報がダダ漏れするなど、江戸城の情報統制には凹凸があった。

第四章「大名編〜御家《おいえ》安泰の裏側」では、大名が自分の家（御家）を維持するために涙ぐましい努力を重ねた実情を取り上げる。そのためには虚偽の報告も辞さなかったが、幕府はこれも黙認した。まさしく武士の情けであった。

この四つの切り口から、江戸のグレーゾーンな世界を解き明かす。

本書執筆にあたっては彩図社編集部の名畑諒平氏の御世話になりました。深く感謝いたします。

２０２４年１月

安藤優一郎

江戸時代はアンダーグラウンド　目次

第二章 庶民編――建前と本音の賢い使い分け

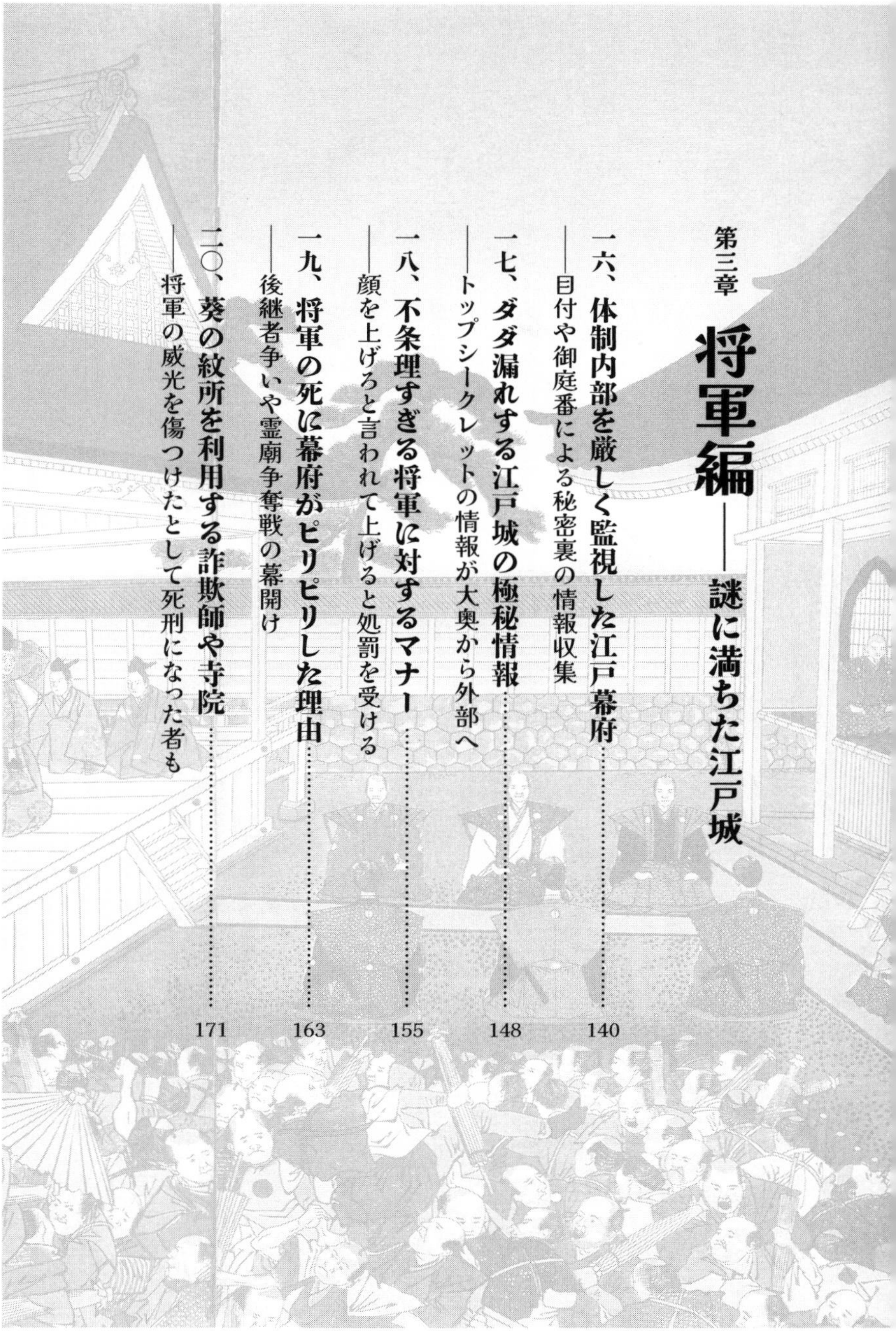

第三章
将軍編——謎に満ちた江戸城

第四章

大名編——御家安泰の裏側

第一章

武士編——士農工商の虚実

数千万円で売買された武士の身分
――幕府も藩も容認していた武士身分を売る市場

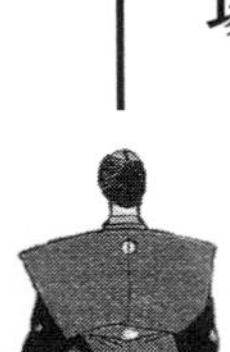

▼裕福な町人や農民が金で武士に

「江戸時代は、武士や農民、町人の身分が固定していた」というイメージが、今なお非常に強い。確かに、江戸時代は表向き、身分制社会であった。町人や農民が武士になることなど、本来は叶わない。

だが実際には、身分が固定していたというのは誤りである。武士身分は売買の対象になり、金さえ払えばだれでも武士になれる社会だった。しかも、幕府も藩も、この状況を黙

◎御家人株の概要

御家人株とは	売買された御家人の株。御家人と養子縁組をすることで、農民や町人でも武士になれた	
値段	御徒《おかち》株の場合	500両が相場（数千万円規模）
	与力（御先手組《おさきてぐみ》）の場合	1000両が相場
	同心（御先手組）の場合	200両が相場

※御徒…将軍の警固役
※御先手組…合戦の際に将軍の先陣を務める軍団

認していた。時には藩が率先して、武士身分を売ることまであった。

どのようにして武士の身分を売り買いできたのか。将軍の警固役を務めた御徒《おかち》（御家人）の場合、その「株」を購入できれば、町人でも農民でも御徒、つまり武士になることは可能だった。株の購入とは、要は武士との養子縁組の権利を手にすることである。

御家人の株は、御家人株と呼ばれた。与力《よりき》や同心《どうしん》（ともに御家人身分）についても、同じように御家人株を購入することで身分を手に入れることができた（藩士の株については後述）。

もっとも、株は一般庶民が買えるような金額ではなかった。御徒株の相場は、500両といわれる。現在の貨幣価値に換算すると、数千万円以上に相当する。与力の株は1000両、同心の株は200両が相場だ。これだけの大金を用意できるのは、町人・農民と言っても裕福な豪商・豪農に限られた。

だが、幕府にせよ、藩にせよ、所定の金額を納入した者なら、武士身分に取り立てている。この時代、武士身分への上昇（「士格化」）願望は非常に強かった。そうした社会意識を背景に、武士身分の売買は行われた。

▼武士の困窮を背景に幕府も容認

与力・同心の身分を買えると言っても、さすがに江戸町奉行所の与力・同心は、株という形で売買されなかった。だが、御先手組《おさきてぐみ》の与力・同心となると、話は別である。その株は、先に挙げた御家人株の相場で売買された。

御先手組は名前の通り、合戦の際には将軍の先陣を務める軍団で、弓組と鉄砲組から構成された。弓組が8組、鉄砲組が20組で、各組に与力6～10騎、同心30～50人が付属した。つまり、それだけ金で手に入る身分があったことになる。

ちなみに、御先手弓組は時代劇でお馴染みの、「鬼平」こと長谷川平蔵の支配下にあった。

火付盗賊改《ひつけとうぞくあらため》の平蔵は、御先手弓組の頭でもある。つまり1000両あれば、鬼平の与力になれた。

武士身分の売買は、江戸時代初期から行われていたことがわかっている。その頃の幕府は、「金目当てで養子縁組をとってはいけない」というスタンスをとっていたが、困窮した武士が金を得るために株を売る事例が増加したことで、黙認せざるを得なくなる。

もっとも、社会全体に目を向ければ、株の売買とは、悪いことばかりではなかった。御家人株の売買は、組織が硬直化した江戸の武家社会を活性化させる役割を果たしたからだ。

榎本武揚。父は備後国（広島県）の庄屋の家に生まれたが、株を買い幕臣の身分となった

なかには、御徒株を購入することで御家人身分となり、さらに旗本身分に昇格して、幕府官僚のトップ江戸町奉行や勘定奉行にまでのぼりつめる事例まであった。

随筆『耳嚢《みみぶくろ》』の著者として知られる江戸町奉行の根岸鎮衛《ねぎしやすもり》、幕末の政治外交で手腕を発揮した勘定奉行の川路聖謨《かわじとしあきら》・井上清直《いのうえきよなお》兄弟、戊辰戦争で箱館五稜郭に立て籠った海軍副総裁・榎本武揚たちは、父親の代に御徒の株を購入して旗本身分に取り立てられた者たちだった。御家人株は高額であったものの、裕福な農民や町人が武士となり、その能力により立身出世する道は開かれていたのである。

▼身分を取り戻したい武士も株を購入

曲亭（滝沢）馬琴は、『南総里見八犬伝』などの作品で知られる作家だ。その馬琴が天保7年（1836）8月に、両国の万八楼《まんぱちろう》で「書画会《しょがかい》」というイベントを開催している。

書画会とは、著名な絵師や作家が書画を揮毫《きごう》して、希望者に販売する会のこと。書画会当日は、客が料理や酒を楽しみながら絵師が揮毫するのを見物した。気に入った書画があると、客はそれを買い求めた。絵師にとっては、手早く現金収入が得られるメリットがあった。

馬琴の目的は、同心株を買う資金を集めることにあった。馬琴は元々武士階級の出身。旗本の用人の家に生まれたものの、武士を捨てて作家活動に入ったという経歴の持ち主である。一度は身分を捨てた馬琴だったが、晩年に入ると孫の太郎を武士にしたいとの思いが強くなる。そこで、御持筒組《おもちづつくみ》同心の空株を取得して、孫に残すことにした。

同心株は与力株より少額だったものの、相場は200両と、簡単には用意できない金額だった。そこで馬琴は、書画会を開催することにした。自分が揮毫した作品を販売することで、同心株の入手資金に充てようと考えたのだ。人気作家の馬琴だけあって、当日は600人にも及ぶ客が参会した。

ちなみに御持筒組とは、将軍の鉄砲を管理して戦場に持参する軍団である。似たものとして、将軍の弓を管理する、御持弓組《おもちゆみぐみ》と呼ばれた軍団もあった。御持弓組は3組、御持筒組は4組から構成され、各組に与力10騎、同心55人が付属した。禄高は与力だと80石、同心だと30俵3人扶持である。

曲亭馬琴肖像《模本》（東京大学史料編纂所所蔵）

▼藩士身分の売却金を藩の歳入に充てる

幕府だけでなく、諸藩でも武士（藩士）の株が売買された。東北諸藩では、仙台藩伊達家や盛岡藩南部家などの事例が知られている。

18世紀中頃の数字だが、仙台藩の領民は50両を納めれば帯刀が許され、100両を納めれば苗字を名乗ることが許された。もっとも、これだけでは武士に準じる身分というだけである。苗字帯刀は武士の象徴ではあったものの、郷士の株を買わなければ武士身分にはなれなかった。郷士《ごうし》の株を買うには、別に550両が必要であった。

盛岡藩の場合は、領民が所持している農地の規模に応じて、武士になれる金額が異なった。農地10石に付き40両を納めれば、与力(武士)に取り立てられた(森嘉兵衛『岩手県の歴史』山川出版社)。仙台藩と盛岡藩を比べると、藩により藩士の株の価格にはかなりの幅があったことがわかる。藩の家格と連動したのだろう。

仙台藩は、日本最大の大名・加賀藩百万石の前田家には及ばないものの、それに次ぐ77万石の薩摩藩島津家と、家格は同格だった。石高も62万石に達したが、盛岡藩は10万石に過ぎない。そんな家格(石高)の格差が、株の価格にも反映されたのである。

西国諸藩については、坂本龍馬の出身である土佐藩山内家の事例が知られている。

土佐藩では江戸初期の頃より、土佐の旧領主・長宗我部《ちょうそかべ》氏の旧臣のうち、由緒・筋目が正しく、新田を3町歩《ちょうぶ》(3ヘクタール)開発した者を、郷士に取り立てた。郷士は土佐藩

◎藩士の株の例

藩名	石高	株を買う条件
仙台藩	62万石	帯刀は50両、苗字は100両を払えば許可された。さらに550両を払えば、郷士の株が購入可能
盛岡藩	10万石	農地10石につき40両を納めた者は、与力になることが可能
土佐藩	20万石	江戸初期は新田を3町歩開墾した長宗我部家旧臣が郷士に。のち、町人や農民も郷士の株を購入すれば武士になることが可能となる

※石高はおおよその数字

の家臣団のなかでは下級に属するが、身分は武士に他ならない。武士身分への上昇願望をくすぐりながら、新田開発をさせようと目論んだのだ。

興味深いことに、土佐藩の方針は長宗我部氏旧臣の懐柔策であると同時に、年貢増収策にもなっていた。新田が開発されれば、その分、年貢賦課の対象が拡大する。

郷士（土佐藩士）に採用された者は、平時は藩に奉公することなく、農村に居住し農耕に従事した。一朝事あった時に駆け付ける勤務形態が取られた。

当初、郷士に取り立てられたのは長宗我部氏の旧臣だけだった。ところが、町人や農民でも相応の金を納めれば、郷士に取り立てられるようになる。

たとえば、幕末の志士として知られる坂本龍馬の本家は、才谷《さいたに》家という商家だった。坂本家は才谷家から分家し、郷士の株を購入して土佐藩士となった家であり、豪商から武士身分に上昇した一例だ。龍馬の変名は才谷梅太郎というが、実家の屋号から取ったものである。

郷士への取りたてを拡大した背景には、藩財政の逼迫があった。要するに、土佐藩は藩士身分の売却金をもって歳入に充てようとした。そうした事情が、藩士身分の売買がみられた他藩にも当てはまったであろうことは、想像に難くない。

▼白眼視された農民・町人出身の武士

幕府でも藩でも、町人や農民が相応の金をもって武士の株を購入し、武士身分に上昇することは可能であったが、実はそれからが大変だった。武士に成り上がった町人・農民として、武士階級からは白眼視されたからである。

幕末に御徒を務めた山本政恒《まさひろ》は、「親の跡を継いで御徒になった者ではなく、株を購入して御徒となった者に対する御徒仲間の仕打ちは、ひどいものがあった」と証言している。

一例として、水泳の稽古の際に指導にかこつけて再三にわたって顔を無理やり水中に押し込む行為を挙げている。まさしくイジメであった（山本政恒『幕末下級武士の記録』時事通信社）。

こうした内情は、御徒の世界だけでなく、御家人株が売買された世界では総じてみられたはずである。金銭だけでは解決できない身分意識という問題が、武家社会には厳然と存在したことが浮き彫りにされている。

しかし、それでもなお、武士身分への上昇願望は強かった。そんな社会意識が、与力株は１０００両、同心株なら２００両という相場をつくり上げていた。

江戸時代はアンダーグラウンド　その二

お殿様から町奉行に賄賂は当たり前

——借金や不祥事の揉み消しはお手のもの

▼都市行政のエキスパートだった与力・同心

江戸町奉行と並んで、時代劇の主役となることも多い町奉行所の与力と同心。実は、担当部署によってはかなりの役徳があった。

南北両町奉行所にはおのおの、与力が25騎、同心が１００人ずつ付属していた（延享２年（１７４５）に同心が20人ずつ増員）。与力の家禄は、１５０～２００石。同心は30俵２人扶持である。その組屋敷は八丁堀に置かれたため、八丁堀の旦那という異称もあった。

合わせて３００人近くいた与力・同心は、他の幕府役人とは違って、事実上世襲である。親子代々にわたって与力・同心を務めたため、奉行所の職務に精通するエキスパートだった。

かたや彼らのトップにあたる町奉行は、お裁きだけでなく都市行政全般、そして三奉行として寺社・勘定奉行とともに国政を担う立場であった。激務のあまり、在職中に死去す

◎町奉行与力・同心の主な仕事

職名	定数		職務内容
	与力	同心	
年番	4	10	奉行所・組屋敷の取り締り、金銭の出納・保管など
本所方	3	7	本所深川の民政
牢屋見廻り	2	8	小伝馬町牢屋敷の取り締まり
養生所見廻り	2	2	小石川養生所の管理
町火消人足改	4	8	町火消の指揮
高積見廻り	2	3	河岸に積まれた荷物の監視
風烈見廻り	2	2	強風時の火災警戒
昼夜見廻り	2	2	市中の見廻り
吟味方	14	24	訴訟の調整・審理、刑事事件の取り調べなど
赦帳方《しゃちょうかた》	4	15	罪状調査、恩赦資料作成など
例繰方《れいくりかた》	5	18	判例の記録・調査、判決の資料作成
常橋掛《じょうはしがかり》	2	6	橋の管理
町会所掛	6	12	町会所の事務監督
猿屋町会所見廻り	1	3	札差（幕臣に支給される米の仲介業）業務の監督
古銅吹所《こどうふきしょ》見廻り	2	2	銅の精錬所の監督
諸色調掛	2	3	物価の調査
酒造掛	2	4	酒造の取り締まり
隠密廻り		4	市中で隠密裏に情報収集
定廻り（定町廻り）		5	違法者の摘発・逮捕、情報収集。人手不足を受け臨時廻りが設けられた
臨時廻り		12	

（『江戸博覧強記』を元に作成）

る例も少なくない。そのため、都市行政に練達している与力・同心をうまく使いこなせないと、町奉行としての職責は果たせなかった。

町奉行の代名詞となっている捕り物や吟味にしても、実際には配下の吟味方《ぎんみかた》与力があたった。奉行は訴状を読んで、どの与力に担当させるかを決めるだけで、お白洲でも与力が作成した判決文を申し渡すだけだった。町奉行所を動かしていたのは与力・同心なのである。

▼幕府高官も与力・同心に気を使う

そんな町奉行所の実情を踏まえ、諸大名がとりわけ与力への付け届けを欠かさなかったことは、あまり知られていないかもしれない。

一見、大名と町奉行所与力は何の関係もないようにみえるが、大勢の家臣を江戸藩邸に常駐させた大名側としては、家臣が江戸市中で何か問題を起こすことを非常に危惧していた。市中の評判となり表沙汰になると、大名の名前に傷が付くからだ。

その時には、江戸市中の治安にあたる与力・同心の世話になる。大名の名前が表に出ず、一件が穏便に済むよう奔走してもらうため、前もって特定の与力に付け届けしておく必要があった。金品や国元の名産などを贈った。

幕末の頃に与力を務めた佐久間長敬《おさひろ》によると、与力には、老中や若年寄からの付け届けまであったという（佐久間長敬『江戸町奉行事蹟問答』人物往来社）。幕閣を構成する老中・若年寄にしても大名である。家臣たちの不始末により、その名前が表に出ることを懸念したのだろう。

南町奉行所の与力を務めた原家の天保11年（1840）の家計記録によれば、総収入121両余のうち諸大名などから得る収入は63両にも達し、収入の過半を占めた。この数字には付け届けの品を金銭に換算した分も含まれるが、原家は100家もの大名家から付け届けを受け取ったという（南和男『江戸の町奉行』吉川弘文館）。

要するに、大名たちは保険を掛けたのであり、それはいわば必要経費だった。かたや、市中の見廻りにあたる与力や同心からすると、まさに役得であった。

▼金で訴訟にならないよう処理

江戸時代は訴訟の多い時代であり、欧米顔負けの訴訟社会だった。大岡忠相《ただすけ》が町奉

◎享保３年(1718)に町奉行が扱った訴訟件数

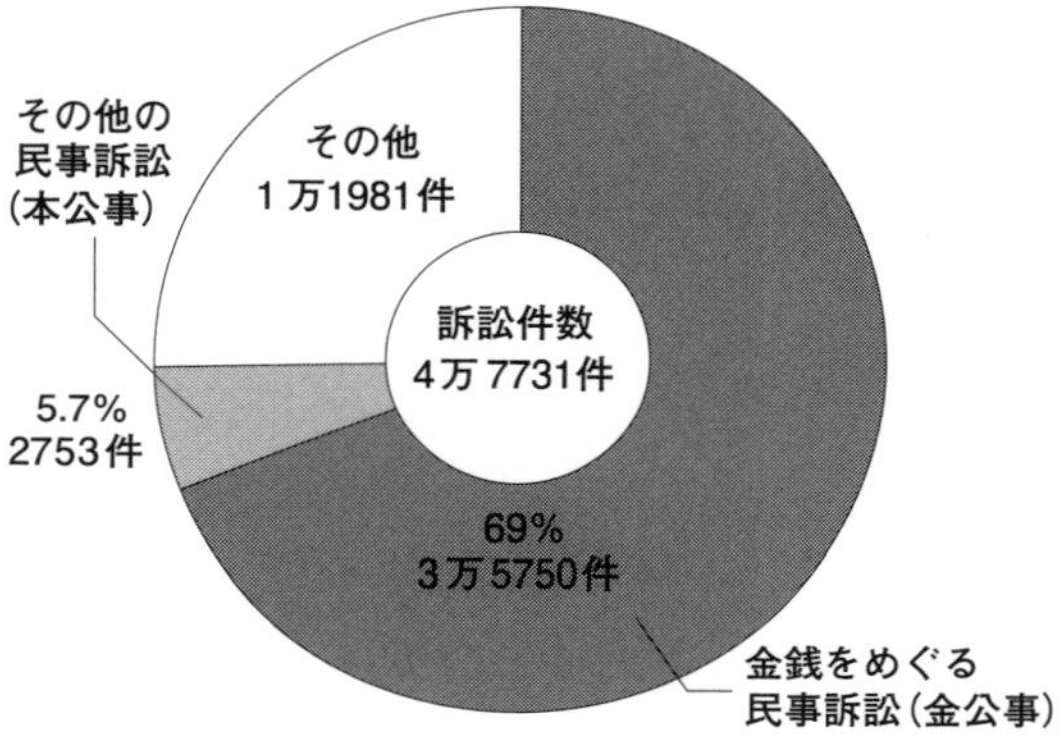

行を務めていた時代の訴訟件数は、なんと４万７７３１件にも達している（享保３年（１７１８）に町奉行所が取り扱った訴訟数）。その約７割を占めたのが、金公事《かねくじ》と呼ばれた金銭をめぐる訴訟である。

４万件もの訴訟を、お白洲で一々裁いたわけではない。和解するよう当事者を勧奨するのが原則だ。その任にあたったのが、吟味方の与力だった。

刑事にせよ、民事にせよ、町奉行所が取り扱った案件は、吟味方与力が対応した。その時与力は、貸金トラブルが訴訟に発展しないよう、調停役を担うことも多々あった。

先の佐久間によれば、持ち込まれた訴訟には、徳川御三家や宮門跡《みやもんぜき》が貸主の案件もあった。宮門跡とは、皇族である法親王《ほっしんのう》が住職を務めた、最上級の格を誇った寺院のことである。御三家は言わずもがな、将軍職を継ぐ資格を持つ徳川家の親族で、大名のなかでは最上級の格を誇っていた。

御三家や宮門跡が貸主の場合、幕府は債権を強力に保護していた。そのため、御三家や宮門跡の寺院からの要請を受けると、町奉行所は借り主に対して返済を強く督促している。御三家や宮門跡としては、町奉行所の威光をちらつかせることができたのは、きわめて有利だった。

もちろん、与力はタダで動いたわけではない。貸金が無事に回収できると、貸主から手数料として、その1割を贈られた。ただし、その直後ではなく、時期を外した上で、それも時候見舞いという名目で贈られている。回収直後に謝礼として金銭を受け取ることは、さすがに与力も気が引けたのだろう。

そのほか、大名が借財の返済を商人から迫られていた時には、双方の間を取り持って証文を書き替えさせることもみられた。返済期限の延期など、大名に有利な内容に改めさせたのだ。その際も謝礼を受け取ったのは、想像に難くない。

▼賄賂の隠蔽工作

大名が付け届けを送ったのは、何も与力だけではない。吟味方与力の配下であった同心も同様だ。しかも佐久間によれば、同心については袖の下を得る方法が、他にもあった。もっともそれは、以下の違法行為や問題行動を見逃す見返りとして、得られるものであった。

・犯罪者から袖の下を受け取って、その罪を見逃す
・遊廓で放蕩する者を取り調べることで、放免を願う親や主人から袖の下を受け取る
・外には知られたくない家庭内のトラブルに介入、解決のための周旋料を受け取る
・酒でトラブルを起こした武士から、内分に済ませるための謝礼を受け取る

言うまでもなく、どれも職権を乱用した行為である。袖の下を受け取ることで、生活の足にしていた同心もいたわけだ。似たような仕事をしていた与力にしても、大差はなかったかもしれない。

もちろん、不正が露見すれば処罰されるのは必至である。時候見舞いにかこつけて謝礼

を受け取るなどして、与力・同心側も細心の注意を払っていた。

依頼主の方も、与力に何事かを頼む場合は、相応の配慮をしていた。八丁堀にあった与力の自宅を訪ねるのは人目もあるため、別の場所を設けて密かに面会している。恐らく料亭などが使われたのだろう。その際、飲食などの接待が付随したのは言うまでもない。

謝礼を贈るのにも、一工夫を施している。現金ならば、「お菓子」などと箱書きした上で贈っていた。時代劇でよくみられるように、お菓子の下には山吹色が敷き詰められていたのだろう。

「切手」を贈る場合もみられた。これは料理茶屋が発行する料理切手のことで、現在で言えば食事券のようなものだった。あるいは、1000両の価値がある土地の沽券《こけん》証文を500両に書き替え、その土地を購入してもらう方法もあった。差し引き500両の贈与に相当したことになる。

このように、与力に依頼した事柄が吟味の対象になったとしても、賄賂とは認定されないよう細心の注意を払っていたのである。

江戸時代はアンダーグラウンド　その三

売買禁止の土地をこっそり売る方法
——抜け道を利用して土地を拡大していく侍たち

▼売買が禁止された拝領屋敷

江戸の土地の7割を占めていたのは、武士の住む武家地である。残りの3割を、町人が住む町人地と寺社の境内たる寺社地が分け合う構成だった。

江戸の武家地とは、幕府が大名や幕臣（旗本・御家人）に下賜した土地のことである。「拝領屋敷」と呼ばれ、年貢、つまり税金は一切免除された。

大名は数千坪から数万坪、旗本は数百坪から数千坪、御家人には所属する組単位で数

◎江戸城下町の身分別土地分布

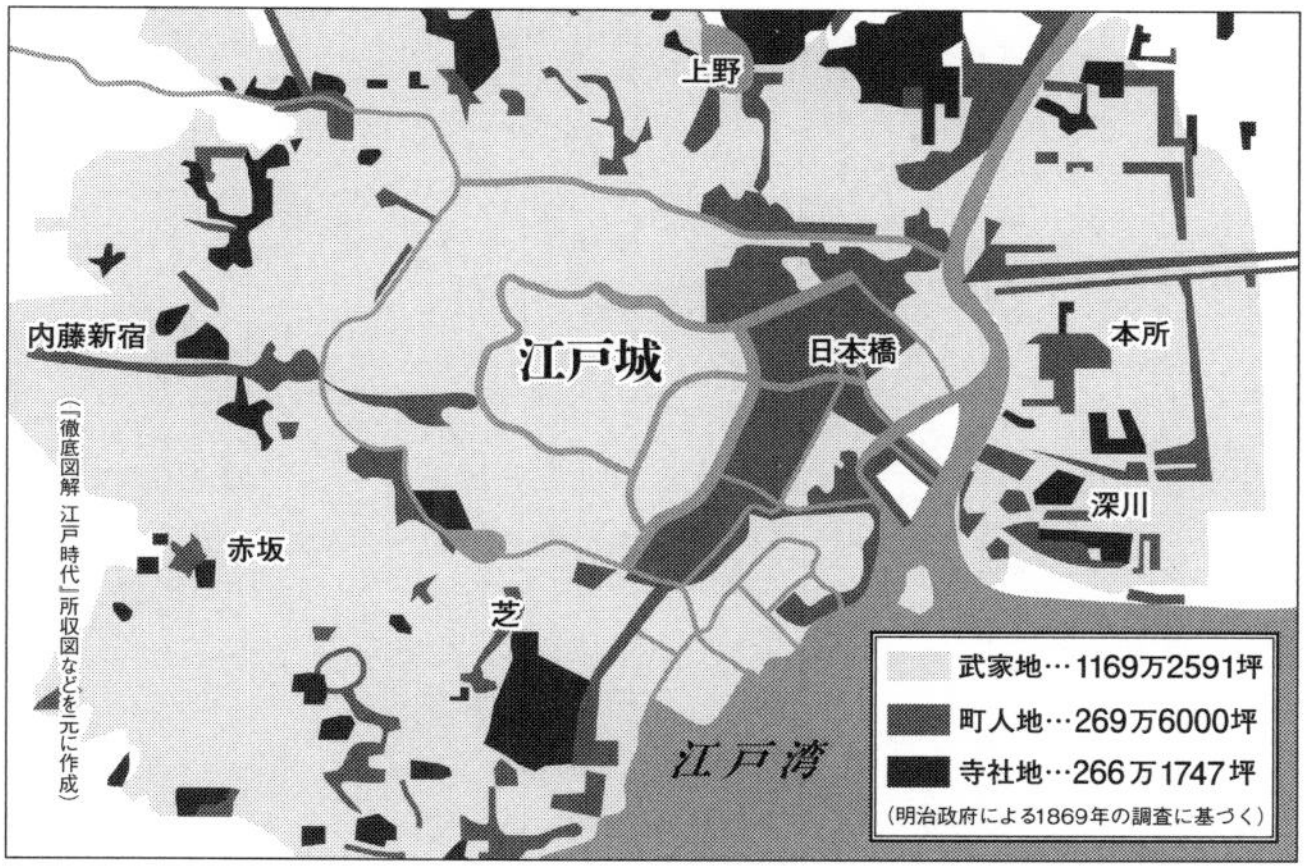

千坪の土地が下賜された。大名がひと際広大な土地を拝領屋敷（江戸藩邸）として下賜されたのは、参勤交代制に基づき隔年で生活することを、幕府から義務付けられたからである。大名は藩邸内に巨大な御殿や長屋などの建物を建て、大勢の家臣とともに暮らした。

　大名にせよ、幕臣にせよ、年貢を納める必要がなかったため、さらなる拝領屋敷を幕府に希望した。だが、願書を提出しても拝領に至るまでには、かなりの時間を要した。需要が供給を大きく上回っており、10年待っても土地が下賜されなかった事例は、珍しくなかった。

　拝領屋敷を所望する場合、大名や幕臣は希望する空き地を見立て、普請奉行所に願い出ることになっていた。普請奉行所とは、承応元年（1652）に設置され、幕府の土木工事のほか、江戸市中の屋敷割を管轄した部門である。長官の奉行には旗本が任命され、その下には普請方下奉行、普請方改役、普請方同心などの属僚が置かれた。

◎元禄6年（1693）の高坪規定

石高	拝領屋敷の面積
1～2万石	2500坪
2～3万石	2700坪
3～4万石	3500坪
4～5万石	4500坪
5～6万石	5000坪
6～7万石	5500坪
8～9万石	6500坪
10～15万石	7000坪

※高坪＝石高を基準にした拝領屋敷の広さ規定

普請奉行所が大名や幕臣からの拝領願いを受けると、希望の場所は拝領地として適当か、その面積は妥当か、すでに拝領願は提出されていないかなどを吟味した。

同じ武家地（拝領屋敷）ならば問題はなかったが、年貢納入が義務付けられた町人地や農地の場合は管轄の町奉行所や代官所との調節が必要となってくる。仮に年貢地を無税扱いの拝領屋敷として認めてしまうと、年貢を徴収できなくなるからだ。そのため、元文3年（1738）には年貢地を拝領屋敷として願うことが禁止されている。

拝領屋敷の面積は、出願者の石高や役職により一定の基準があった。石高による基準を

「高坪」、役職による基準を「格坪」(「並坪」)と呼んだ。その範囲内で下賜された。

当初は気前よく下賜していた幕府だが、拝領屋敷は無税である。与えれば与えるだけ本来取れるはずだった税が少なくなったため、幕府財政にはマイナスとなった。それに、土地が無尽蔵にあるわけでもない。よって、新たな拝領屋敷には基準を設けたのである。

普請奉行所による吟味が終わると、書類が幕閣(老中や若年寄)に回され、可否の判断が下される。目出度く許可されると土地が引き渡され、拝領屋敷の誕生となる。

しかし、希望者多数により願いはなかなか叶わなかったのが実情だった。そのため、大名や幕臣が江戸近郊の農地を「抱屋敷《かかえやしき》」の名義で購入する事例は多かった。その後、拝領屋敷への切り替えを願ったが、幕府側からすると年貢減少に直結する以上、切り替え願をそう簡単に認めることはできなかった。

▼相対替を利用して拝領屋敷を売買

希望する大名や幕臣が多い以上、幕府からいつ拝領屋敷を下賜されるのか、待っているだけではわからなかった。そこで一番手っ取り早い、大名や幕臣の拝領屋敷を購入するという方法が、秘かに行われるようになる。

本来、拝領屋敷の売買は禁止行為である。拝領屋敷は幕府の土地であり、大名・幕臣は無料で借りていたようなものだった。現在で言う所有権を有しておらず、いつ幕府に土地を取り上げられるかわからない。自由に売買することなど、夢のまた夢のはずだった。

しかし、拝領屋敷の売買には抜け道があった。持ち主どうしが屋敷の交換に合意していれば、幕府は双方の意思を尊重し、相対での屋敷の交換を認めたのである。これを「相対《あいたい》替《がえ》」という。

大名が相対替を希望する場合は、老中に書類の内覧を願った上で、正式に出願するのが通例だった（幕臣は若年寄に出願）。込み入った事情がなければ、普請奉行所の吟味を受けることもなく許可されている。

注目すべきは、互いの拝領屋敷をまるごと交換する必要がなかったことである。拝領屋敷の一部を分割する形での交換も、幕府は認めていた。これを「切坪《きりつぼ》相対替」という。土地の規模も違い、いわば地価も違う以上、拝領屋敷をまるごと交換するとなると、取引はなかなか成立しない。だが、一部を分割しての交換ならば取引は成立しやすかった。

ここまでは、あくまでも土地の交換という形をとっており、金銭のやりとりは発生して

◎相対替の概要

相対替とは	合意した大名どうしで土地（拝領屋敷）を交換すること
手続き	老中に書類の確認を頼んだのち、正式に出願するのが通例（幕臣は若年寄に出願）。複雑な事情がなければ許可されるのが普通
切坪相対替とは	拝領屋敷の一部を交換すること。互いの希望に開きがある場合は、金銭で解決することもあった
切坪相対替を利用した拝領屋敷の売買	「土地の一部交換」という形をとって、拝領屋敷を売買。幕府は黙認したが、やりすぎだと判断して注意を促すことも

いない。だが、分割交換でも互いの希望に開きがある場合は、「引料《ひきりょう》」などの名目をもって、金銭での解決が目指されることもあった（引料は移転料を意味する）。こうなると、最初から金銭で解決してしまう方が、はるかに取引は成立しやすい。そこで、土地の一部交換の形を表向き整えて、拝領屋敷の売買取引を成立させる事例が増加することとなる。

これは、相対替を隠れ蓑にした拝領屋敷の売買に他ならなかったが、幕府は黙認していた。双方が交換について合意さえしていれば、金銭での取引を認めるスタンスを取っていたのだ。そのため、10000坪の屋敷と100坪の屋敷の交換という事例さえ珍しくなかった。極端な例では、申し訳程度に3坪の土地を交換用の替え地として差し出す事例までみられた。

さすがにこれには幕府も見かねたようで、文化13年（1816）には、「3坪ではいくら何でも」ということで、少なくとも10坪か20坪を替え地として差し出すよう指示している。だが、金銭での取引を黙認するスタンスに変わりはなかった。

こうして、大名や幕臣は拝領屋敷の下賜を待つのではなく、相対替による拝領屋敷の獲得を目指すようになる。18世紀末に入ると、相対替の件数は年間50件を超え、多い年には100件を超えた。その大半は切坪相対替であった。

▼規制を設けるも結局は土地の売買を容認

相対替自体は容認した幕府だったが、その件数が増えていたことには懸念を隠せなかった。

そこで寛保2年（1742）、相対替を願い出る際には、拝領した時から経過した年数の報告を義務付けている。拝領後、大名や幕臣があまり間隔を置かずに相対替することを抑え込もうとした。

また翌3年には、一度相対替した土地を再び相対替する場合は、10年以上経過していることが要件と定めた。10年も経過しないうちに、再度相対替する事例が数多くみられたからである。それだけ大名や幕臣にとって、拝領屋敷を元手とした売買の利益は魅力的だった。相対替の名のもとに、江戸では土地ころがしが横行していたとも言えるだろう。

しかし、こうした幕府の厳しい姿勢は、長続きはしなかった。

寛政5年（1793）、幕府は屋敷を拝領した後の相対替は3年経過してからと定める一方で、切坪相対替については間隔の制限を撤廃している。さらに、文久元年（1861）には、屋敷拝領後の経過年数の制限を撤廃。再度の相対替の間隔についても、10年以上から5年以上に制限を緩和した。相対替の規制撤廃を強く求める大名や幕臣の要望に応えた形だ。それだけ土地取引の欲求は強かった。

売買が禁止された拝領屋敷だったが、実際は相対替を隠れ蓑に広く売買されていた。幕府黙認のもと、江戸の武家地は大名や幕臣たちによって頻繁に取引されたのである（安藤優一郎『江戸の不動産』文春新書）。

幕臣の屋敷にアウトローが堂々と居住

――収入増のためだれかれ構わず屋敷を貸し出し

▼組屋敷を活用して収入増を図る御家人たち

同じ幕臣であっても、旗本と御家人は将軍への拝謁資格を有しているか否かの違いがあった。拝謁資格のある旗本は上級幕臣で、その資格を持たない御家人は下級幕臣となる。その違いは、拝領屋敷の規模にも反映されていた。

旗本は大名と同じく、個人に対して拝領屋敷が与えられた。その規模は、数百坪から数千坪である（大名の拝領屋敷は数千坪から数万坪）。対する御家人の拝領屋敷は、個人でなく所属する組単位で与えられた。これを「組屋敷」という。組屋敷として与えられた数千坪の土地が、組内の各人に分けられた。当然、ひとりあたりの土地は小さくなる。

しかし、旗本に比べて俸禄が少なかった御家人にとって、組屋敷は収入を増やす上で、おおいに役立った。その方法は、主に二つあった。組単位で活用する方法と、個々人で活用する方法である。まずは組単位の活用法からみていこう。

▼花壇や養殖場・賃貸物件になる組屋敷

東京の初夏の風物詩として、入谷（現台東区）の朝顔市は有名だろう。将軍の警護役を務めた御徒などが、内職で栽培した朝顔を市場に出したことが、そのはじまりとされる。出荷を念頭に置いた朝顔栽培となると、相応の広さを持つ土地が必要である。そこで活用されたのが組屋敷だった。組単位で土地を有効活用した結果、組屋敷は朝顔などの栽培園に変じた。

鉄砲百人組の同心が組屋敷で共同栽培したツツジに至っては、江戸のガーデニングブームのなかで名産品となる。江戸の観光名所を挿し絵入りで紹介した『江戸名所図会』でも紹介されたほどだ。その裏には、専門業者である植木屋や農民の支えがあった。となると、内職というよりも、むしろサイドビジネスと言った方が正確だろう。

大久保以外の組屋敷では、鈴虫や金魚の飼育も盛んだった。養殖となれば、同じく相応の広さを持つ池が必要だが、組単位で土地活用すればそれも可能である。こうした御家人によるサイドビジネスが、江戸の庭園・ペット文化を支えていた。

個々人の活用法については、同じく御徒による、賃貸契約の事例が知られている。先述した朝顔の共同栽培に加え、各自が屋敷内の土地を貸し、その地代を徴収することで生活の足しとした。これは御徒に限らず、御家人にとってはごく普通の経済行為であり、幕府も黙認していた。

御徒は1組30人で構成され、全部で20組あった。現在の上野駅近くの下谷や隅田川東岸の本所・深川で数千坪を組屋敷として拝領しており、個人に均《なら》すと200坪前後の土地となる。

借地人としては、同じ御家人、大名家の家臣（陪臣）、御坊主衆、学者、医師が挙げられる。御家人の組屋敷には武士以外の身分の者が住むことも珍しくなかった（山本政恒『幕末下級武士の記録』時事通信社）。

鉄砲百人組は現在の東京都新宿区大久保周辺に住んでいた。東京都新宿区の花であるツツジは、大久保の鉄砲百人組同心によるツツジ栽培に由来している（『江戸名所図会』国会図書館所蔵）

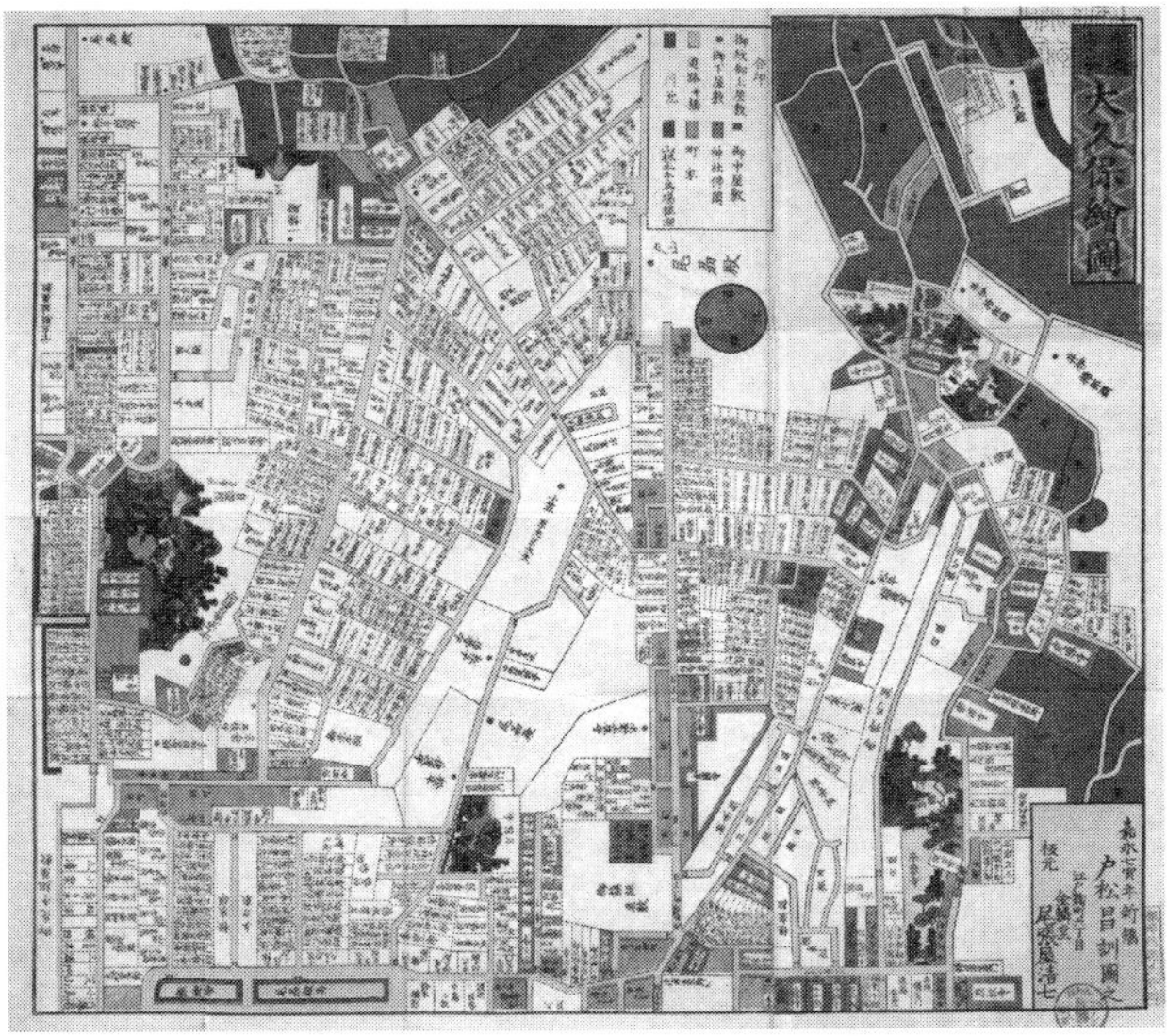

大久保周辺の絵図（『江戸切絵図 大久保絵図』国会図書館所蔵）

▼町奉行所の役人も頼った地代収入

御徒と同じ御家人身分の町奉行所与力・同心も、屋敷内の土地を貸して地代を生活の足しにしていた。八丁堀にあった与力の拝領屋敷は250坪~350坪、同心の拝領屋敷は100坪ほどの広さだった。

与力・同心の場合は、学者や医師・絵師に貸していたのが特徴である。サツマイモで有名な儒学者の青木昆陽《こんよう》も、そのひとりだ。青木は、南町奉行大岡忠相配下の与力・加藤枝《え》直《なお》の屋敷の借地人だった時代があった。それが縁で忠相にも名前を知られ、その強力なバックアップを受けてサツマイモの試作を開始することになる。

同心の屋敷の賃貸事情も、与力とさして変わりはない。なかには自身が与力の屋敷の借地人となることで、自分に割り当てられた屋敷をまるごと賃貸に回す者までいた。拝領屋敷を最大限に活用することで、生計の足しにしようとしたのである。

町奉行所の同心に限らず、自分の屋敷には居住せず、他家に同居したり別の場所に借地した御家人は、けっこう多かった。同じく自分の屋敷はまるごと賃貸に回し、その地代を収入に組み込んでいる。苦しい懐事情が背景にあったのは言うまでもない。

▼素姓の怪しい者が町役人の屋敷に住みつく

ただ、御家人たちは地代収入を重視する一方で、借り手を選ばない傾向にあったようだ。天保7年（1836）、博打打ち、隠売女《かくしばいじょ》の手引きをする者などが同心の屋敷に住んでいるとして、町奉行が与力・同心にその捕縛を命じたことがあった。取り締まる立場にある者の屋敷内に、取り締まりの対象となる者が住んでいた格好である。奉行所はあわせて、屋敷内の借地人で風儀のよくない者は、早々に追い出すよう促している。

しかし、この勧告には効果がなかった。貸主側からすると、身元や風体が怪しい者でも地代を納めてさえいれば、目を瞑《つむ》ってしまうのが実態だったのだ。結局のところ、身元の怪しい者が八丁堀の組屋敷内に住み続けることになる。

たとえば慶応4年（1868）、市中取締を担当する三廻《さんまわ》り（定町廻り、隠密廻り、臨時廻り）の同心が町奉行に上申したところによれば、組屋敷には隠売女風の女性まで住んでいた。しかも、女を手引きする者まで住んでいたという。

また嘉永5年（1852）には、屋敷内で薬湯（薬品を入れた湯屋）を営業する者まで現れた。北町奉行所同心・間米弥右衛門の屋敷の借地人だった大工の長吉が、薬湯所を建てたのだ。薬湯所は2階建てで、1階が湯屋、2階が客の溜り場になっており、大勢の客が集まって、囲碁将棋を楽しんだようだ。まさに、江戸市中にあった湯屋のごくありふれた光景であった。

しかし、同心の屋敷内で湯屋の営業というのは、さすがにやりすぎだった。加えて、長吉の湯屋が深夜まで営業していたこともいけなかった。当時は男女混浴であり、風儀上の問題もあった。さすがに町奉行所も看過できず、長吉は営業中止に追い込まれる。

借地人の側からすると、同心の屋敷内に住むのは安全という意識があった。現在に喩えると、警官の官舎内で住むようなものだろう。

ところが、弘化3年（1846）に北町奉行所同心・遠藤啓蔵、高橋伊三郎、桜井平四郎の屋敷に無宿の庄太郎という者が盗みに入ったため、三名の同心から盗難届が奉行所に出されている。組屋敷には身元の怪しい者も住んでいたことから安心・安全とは言い切れなかったわけだが、それを証明するような盗難事件であった（南和男『江戸の町奉行』吉川弘文館）。

この事件は、八丁堀の知られざる実像を浮き彫りにしている。

江戸時代はアンダーグラウンド　その五

役職手当を不正受給する遺族たち
――収入減を危惧して死亡届を遅らせる事例続出

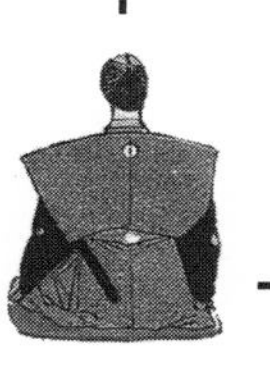

▼江戸の超高齢化社会と「定年」制

江戸時代は乳幼児の死亡率が非常に高かったため、平均寿命は30～40代となる計算である。しかし、成長して壮年に達すれば、長寿を保つ可能性は高かった。泰平の世だったことも相まって高齢化の傾向が顕著であり、長寿を全うした者は多かった。大名の場合で言うと、卒寿（90才）を超えた者までいた。そのため、齢80を超えた大名は別に珍しくはなかった。

単に長寿を保っただけではない。隠居の選択肢はあったものの、現在で言う定年制はなかったため、現役のお殿様として藩政を取り続ける者が少なくなかった。

要するに、生涯現役も可能だった。そうした事情は、将軍の御直参（幕臣）である旗本や御家人、さらには藩士についても当てはまる。

武士には、いわゆる定年はなかったのである。

「御旗本長寿調」というタイトルの書付の写が、平戸市立図書館に残されている。肥前平戸藩の藩士により書写された、嘉永6年（1853）時点での旗本の長寿リストだ。これによると、80才以上で役職に就いている旗本は25人を数えた。

そのなかには、林奉行の井上元七郎（99才）、留守居の土屋讃岐守（95才）など90才以上の現職が4人もいた。80代になると、西丸槍奉行の玉井藤右衛門（89才）や旗奉行の大久保信濃守（84才）など軍事職に就いている者までみられた。

旗本の長寿リストを書写した平戸藩の藩士は、旗本は人数も多く互いに張り合う気持ちが強いため、高齢になっても役職を退こうとはしないと証言している。

一方、藩士の場合は幕臣とは事情が違ったようだ。80才を過ぎても隠居しない者は、平戸藩では皆無に近かった。自分が現職で頑張っていると息子が家督を相続できず、役職に

◎武士の定年事情一例

会津藩	70歳を超えていた場合のみ隠居届を受理（重病・老衰が激しい場合を除く）
弘前藩	70歳：隠居届が受理され隠居が許された 60歳以上70歳未満：病気次第ではすぐに隠居届を提出可 50歳以上60歳未満：病欠届提出から5カ月以上経過すれば隠居届を提出可 50歳未満：病欠届提出から10カ月以上経過すれば隠居届を提出可
旗本・御家人	高齢になっても役職をひかない者もいたが、70歳が隠居を認められる年齢基準

も就けなかったからである。

▼江戸時代の定年は70歳

総じて、藩士の場合は70才が隠居の基準となっていた。この基準は、中国思想の影響を受けているらしい（中国の古典として知られる『礼記《らいき》』では、70は「老」と表現された）。

会津藩では藩士から隠居願が提出されると、出願者が重病や老衰が激しい場合を除き、原則として70才を超えていた時のみ受理して隠居を認めた。

弘前藩では、50才未満の藩士は病欠届を提出してから10カ月以上を経過しなければ、隠居願を提出できなかった。だが、50才以上60才未満ならば、病欠届提出から5カ月以上経過していれば、隠居届の提出は可能であった。60才以上70才未満ならば病状次第ですぐにでも隠居願が提出でき、70才を過ぎれば病気でなくても隠居願を提出すれば隠居が許可された。生涯現役も可能ではあったが、70才が事実上の定年とされていたことがわかる。

陪臣たる藩士だけでなく御直参（幕臣）の旗本や御家人にしても定年制はなかったものの、隠居が認められる年齢基準は70才だったようだ。享保5年（1720）、幕府は70才以上で現在の役職を10年以上務めた幕臣に対して、隠居の際に「老衰ご褒美」という名の功労金を下賜する制度を新設する。この功労金制度の創設なども、70才が事実上の定年だったことを示している（氏家幹人『江戸人の老い』PHP新書）。

▼死後に遺族が役職手当を受け続ける

幕臣や藩士の場合、定年制がなかったことで、隠居願を幕府や藩に提出しない限り、生涯現役は可能であった。だが、これを悪用する形で、死後も役職手当を受給する事例が跡を絶たなかった。

徳川一門の一橋徳川家（10万石）に仕える山田甚五右衛門は、宝暦4年（1754）6月16日の朝に死去した。本来ならば、死亡届を提出するとともに家督相続の手続きに入らなければならなかったが、死亡届は7月6日に提出されている。存命ならば、7月2日に役職手当が甚五右衛門には支給される予定だったため、その後に死亡届を提出したのである。

この死亡日の調整は、甚五右衛門の養子伝次郎だけの判断で行ったのではない。同じく一橋家に仕える同僚の山本武右衛門たちと協議した上で、役職手当支給後に死亡届を提出することになった。

明和3年（1766）9月19日、篠田孫左衛門が死去した時にも同様の対応が取られている。篠田家では孫左衛門に支給される冬の切米《きりまい》（春・夏・冬の3回に分けて支給される冬分の俸禄米）と役職手当を受け取った後、11月3日に至って死亡届を提出した。同じく、同僚と共謀した上での死亡日の調整だった。

この2例は、遺族が役職手当の支給を受けるため、1～2カ月ほどその死を秘匿した事例だが、3年も隠し通した事例まであった。幕末の頃、旗本の大谷木藤左衛門は隠居することなくこの世を去ると、遺族はこれ幸いと、3年の間、そのまま俸禄米の300俵を受け取ったという。

不正受給がばれなかったのは、大谷が役職に就いておらず、死が気づかれにくかったためである。現在は、仕事をしなければ収入を得られない人が大半だが、江戸時代の武士は幕臣、藩士問わず、役職に就かずとも、家禄が保障されていた。当主の死を隠さずとも、家督相続が認められれば家禄は保障されるのが原則だった。

だが、時には家禄が減額の上で、相続が許可される場合もあった。それを避けるため、遺族は大谷を存命の形にして、300俵の収入という「現状維持」を図ったのである。

このように、役職手当や俸禄米を確保するため、武士の死を秘匿することは、武家社会では慣習化していたが、批判する者がいないわけではなかった。勘定奉行を務めた岡本花亭などは兼々、この慣習を卑劣と忌み嫌い、自分が死去した時は即日死亡届を提出するよう家族に遺言していた。

ところが、その遺言は守られなかった。嘉永3年（1850）9月23日、花亭が84才で死去すると、親戚や同僚によりその遺言は反故にされてしまう。10月29日まで、1カ月以上も花亭の死は秘匿された。その目的は言うまでもない。

徳川一門の清水徳川家（10万石）に仕えた泉本主水正も、花亭と同じくこの慣習を嫌っていた。その気持ちを尊重して、主水正の子が父の死を即日に届けると、世間ではこれを美談として称賛したという。それだけ、武家社会では役職手当や俸禄米を目当てに当主の死を秘匿することが慣習化していたのである（氏家幹人『大江戸残酷物語』洋泉社新書y）。

江戸時代はアンダーグラウンド　その六

インサイダー取引に群がる幕臣・商人
——福祉施設の経営資金確保策が悪用される

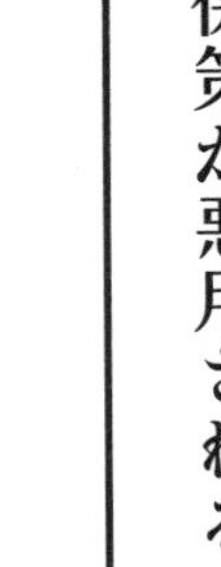

▼火付盗賊改の長谷川平蔵が人足寄場設立を建議

江戸時代、人別帳《にんべつちょう》（戸籍簿）の記載から削除された者は、「無宿《むしゅく》」と呼ばれた。貧困により居住の町や村を離れたことが、人別帳から削除された主な理由だった。無宿になった者は、生活や仕事の場を求めて都市に流れる傾向があった。とりわけ江戸は無宿の数が非常に多く、生活に窮するあまり、犯罪に走る者も多かった。江戸の治安を預かる歴代町奉行にとって、無宿の取り扱いは悩みの種となっていく。

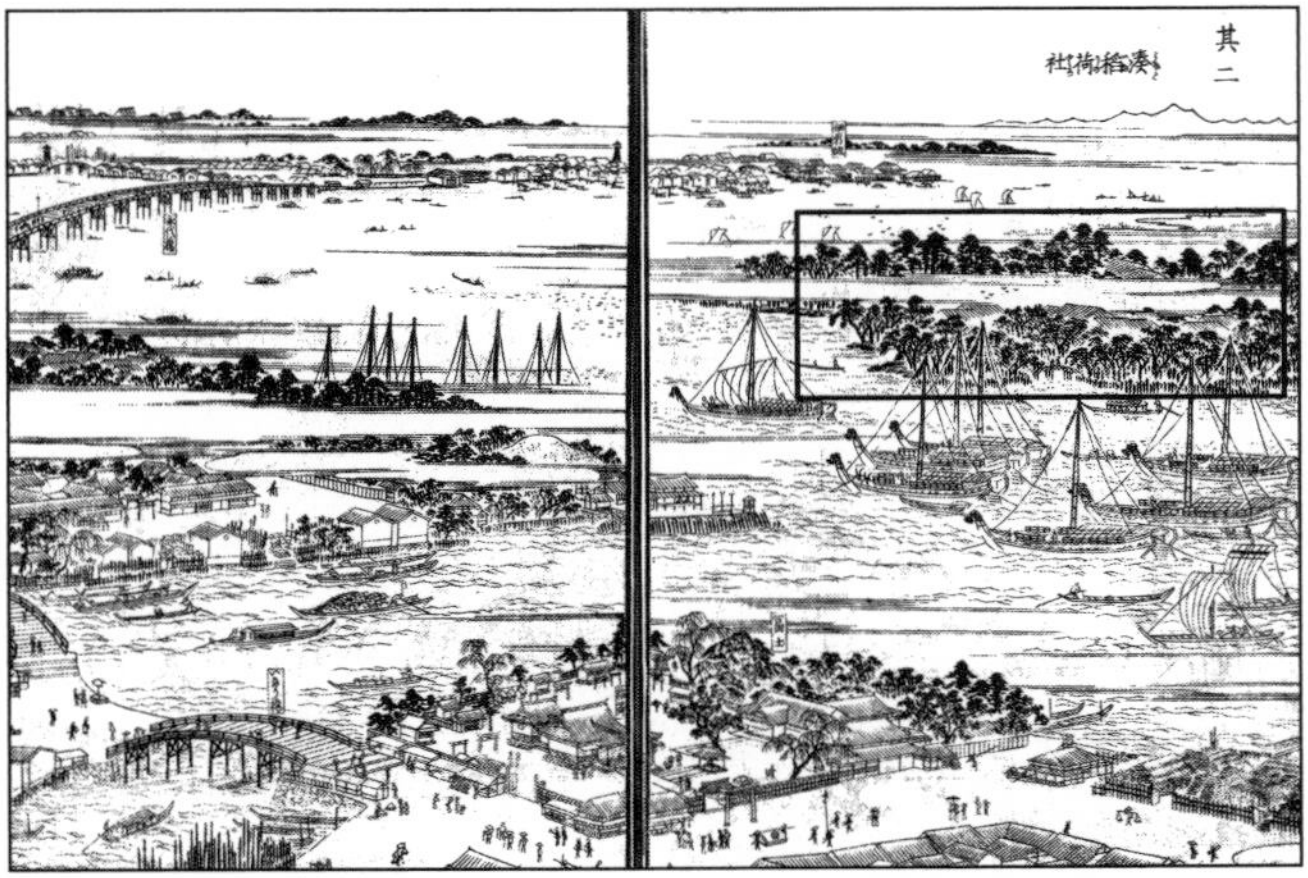

佃島周辺の絵図。人足寄場は右側四角部分（『江戸名所図会』国会図書館所蔵）

そこで享保６年（１７２１）、無宿の者を収容して手に職を付けさせる施設の設立が、幕府において浮上する。無宿の授産・更生施設、つまりは職業訓練所に他ならない。しかしすぐには設置は叶わず、安永９年（１７８０）に無宿養育所という形でようやく実現したものの、うまく機能せず、短命に終わっている。

そうした状況を踏まえ、江戸の治安維持を町奉行とともに担った火付盗賊改《ひつけとうぞくあらため》が、人足寄場《にんそくよせば》の設置を幕閣に建議した。火付盗賊改は、江戸市中や近在を巡回して、放火犯や盗賊の捕縛活動を行う役職であった。

建議した火付盗賊改とは、旗本の長谷川平蔵である。池波正太郎の代表作『鬼平犯科帳』で知られる鬼平だ。凶悪犯を捕縛する江戸の警察というイメージが強い平蔵だが、無宿が悪の道に入るのを防ぐことにも力を注いだ人物だった。

平蔵は、「町奉行所に軽微な罪で捕えられた無宿を収容し、手に職を付けさせて更生させたい」と建議する。この提案を、寛政改革を進めていた老中首座・松平定信は採用。平蔵は、その建設と運営に当たることになった。

人足寄場といえば、現在は収容者の社会復帰を目指した福祉施設として有名だが、その経営状況が非常に厳しかったことは、あまり知られていない。その負担は、運営を担った平蔵に、重くのしかかることになる。

▼金に困って銭相場に手を出す鬼平

幕府直轄の施設である人足寄場に支給された経費は、初年度は金５００両、以後は毎年３００両が支給された。これとは別に、初年度は米５００俵（次年度以降は３００俵）も支給された。この程度ではとても足りないのが実情だったが、幕府も財政難であり、倹約令の名のもと各部門の支出が厳しく切り詰められていた。それ以上の支給は期待できな

◎人足寄場の概要

目 的	無宿《むしゅく》を収容し職業訓練を行う ※無宿は人別帳《にんべつちょう》(戸籍簿)の記載から削除された者。貧困により居住の町や村を離れたことが、人別帳から削除された主な理由
訓練できる職業一例	大工・左官・鍛冶仕事・髪結・彫り物
報 酬	作業により得られた報酬は積み立てられ、出所の際に渡される仕組み。更生したと判断されると、親兄弟や親類に引き渡された
職業訓練以外の更生方法	毎月3回心学の講話が開かれた ※心学は心を正しくして身を修めることを平易な言葉や比喩で説いた教え。石田梅岩が唱えた
運営者	幕臣で火付盗賊改の長谷川平蔵。老中首座・松平定信のもと、施設の建設・運営責任者となる
完成年	寛政2年(1790)2月
場 所	隅田川河口に浮ぶ石川島
敷地規模	1万6030坪。うち3600坪余が竹矢来で囲まれ、無宿が作業に従事する各小屋が置かれた
収容人数	当初は140～150人程度。天保期には400～600人程度に増加
作業時間	午前8時～午後4字
食 事	米と麦をまぜたもの。正月には雑煮、五節句には赤飯が出された

かった。

そのため、平蔵は寄場の運営で持ち出しを余儀なくされる。自分が設置を建議した負い目もあったのだろうが、それでは足りず、金策に駆けずり回っている。寄場で製造させた製品を換金することで得られた収益もあったが、その程度では焼け石に水だった。

江戸市中にも、平蔵が寄場の経費捻出に四苦八苦する様子が知れ渡っていた。「このままでは、寄場の事業継続は難しいのでは」という評判まで立ってしまう。

窮した平蔵が手を出したのが、銭相場への介入である。幕府から3000両を出してもらい、銭を買い集めたのだ。当時、銭相場の下落に伴って物価が上昇しており、その引き上げが緊急の政策課題となっていた。平蔵はこれに目を付けたのである。

貨幣には金貨・銀貨・銭貨の三つがある。江戸庶民が使う貨幣は銭だが、当時はその相場が下がったため、庶民生活は圧迫されていた。わずか4、5年前の天明7年（1787）には米価高騰を要因とする生活苦が庶民の間に社会不安を引き起こし、江戸では大規模な米騒動が起きたため、幕府は庶民の生活苦に敏感になっていた。

よって、銭相場を引き上げたい幕府の方針に則って、寛政3年（1791）4月に平蔵は公金3000両を資金として銭を買い上げる。このため、1両につき銭6貫200文の

天明の飢饉を描いた絵。江戸や東北は深刻な食糧不足に陥り、餓死者・病死者は数十万人に及んだ（『凶荒図録』国立公文書館所蔵）

相場が、２日ほどで５貫３００文にまで高騰した。そして、相場が上昇したところで今度は手持ちの銭を売り払い、差額分を寄場の経費に充てた。

　１両につき約９００文の利益であるから、仮に１０００両を売却したとすれば、それだけで９００貫文。金に換算すれば約１７０両の利益となった。寄場の年間経費の半分以上が転がりこんで来る計算であった。

▼銭を買い上げ利益を得る者たち

　このように、平蔵の才覚によって幕府の懐を痛めることなく人足寄場の経費は確保できたわけだが、銭相場を活用した手法に嫌悪感を抱く幕臣は多かった。その背景には、武士たるものは金と無縁な存在であるべきという価値観があった。一言で言うと、「武士は食わねど高楊枝《たかようじ》」というフレーズになるだろう。

その一方、幕府による銭の買い上げを知って相場の上昇を予想し、あらかじめ銭を買い集めることで、その売却益を懐に入れた幕臣もいた。まさに、インサイダー取引である。

現在の銀行にあたる両替屋たちも幕府による銭買い上げの動きを察知し、銭相場の上昇に便乗することで多大な売却益を得た。質屋や呉服屋などでも同じく売却益を得る者がいた。

何であれ得をする者がいれば、逆に損をする者がいるのは世の習いである。大量買い上げによる銭相場の上昇で損失を出した者は、今回の銭の大量買い上げを提案した平蔵を恨んだだろう。当時平蔵の評判は悪かったが、銭相場上昇で損失を出した者たちの恨み節だったのかもしれない。

平蔵が銭相場に手を出したのは、幕府の公務遂行に要する費用を捻出するためだった。私利私欲のためではなかったが、銭相場で損失を出した者からの恨みを買う。さらには、銭相場で売却益を得る手法が武士にあるまじき行為として嫌悪感を持たれた。

しかし、平蔵が産みの親となった人足寄場は銭相場の操作により開所当初の危機を乗り切る。無宿の授産・更生施設として、その後も江戸の治安維持を陰で支える役割を果たしたのである（『よしの冊子』中央公論社）。

江戸時代はアンダーグラウンド　その七

江戸暮らしでずる賢くなる藩士たち
――国元から江戸にきた藩士たちの日常

▼江戸定府侍と勤番侍

諸大名は参勤交代制によって、江戸と国元で1年間ずつ生活することが義務付けられた。そのため、江戸藩邸には大名の家族に加えて、大勢の家臣（藩士）が住んでいた。百万都市と称される江戸の武家人口はゆうに50万人を超えたが、その大半は藩邸に住む藩士だった。

慶応4年（1868）の数字によると、幕臣の数は計3万人強（旗本が約6000人、御

◎**江戸の武士人口**（幕臣の人口は慶応4年（1868）の数字）

総数	50万人以上と推定 ※町人の人口は50万人		
幕臣	旗本	約6000人	家族・家臣を含めると10万人前後
	御家人	約2万6000人	
藩士	40万人程度と推定 ※諸藩の軍事機密のため詳細は不明		

家人が約2万6000人）で、家族や家臣を含めても10万人前後といったところである。すなわち、武家人口の約80％が地方から出てきた藩士たちで占められた計算になる。

江戸藩邸に住む家臣は、二つに分けられる。江戸に定住している者（江戸定府侍《じょうふ》）と、大名が江戸在府中の時だけ、国元から単身赴任で居住している者（江戸勤番侍）の2種類だ。

定府侍には家族持ちの場合が多かった。藩邸外に住むこともみられたが、単身赴任の勤番侍は藩邸内に住んだ。家族持ちの定府侍とは違い、勤番侍は長屋で共同生活を送ることになっていた。

勤番侍はいわば「お上りさん」であり、江戸の事情には疎かった。たとえば、蕎麦屋に入って、盛り蕎麦に汁を掛けて食べてしまうことは珍しくない。掛け蕎麦は知っていても、盛り蕎麦の食べ方は知らなかったからである。

地理不案内でもあり、遠方まで江戸の名所めぐりをしようという時は、連れ立って出かけた。ひとりで歩き回ることはなかった。

屋敷の近くまで来ているにもかかわらず、かなりの距離があると思い込んで駕籠に乗ることもあった。駕籠かきにも勤番侍と見切られ、屋敷の周囲を3回回って門前で降ろされる事例までみられた。もちろん、かなりの駕籠代を取られたが、気付いた時は後の祭りだった。

江戸の事情に疎いゆえの笑い話だが、笑い話では済まずトラブルに発展することも少なくない。市中の評判となって、どこの家中の侍であるかが知れてしまうと、大名の名前に傷が付く恐れがあった。藩当局はその対応に頭を悩ますが、結局は外出制限を厳しくするしかなかった。

こうして、勤番侍は野暮な田舎侍として嘲笑の対象となり、「浅葱裏《あさぎうら》」という蔑称を付けられるようになる。勤番侍が着ている羽織の裏が浅葱木綿であることが多かったのが名称の由来とされる。

▼厳しい外出制限と銭湯という抜け道

伊予松山藩主・久松松平家の家臣で、明治に入って教育官吏となった内藤鳴雪《ないとうめいせつ》という人物がいる。同郷の後輩正岡子規を俳句の師匠と仰いだ俳人として知られる。その鳴雪が晩年、当時の勤番侍の生活を語っているので紹介しよう（『鳴雪自叙伝』岩波文庫）。

家族持ちの定府侍が藩邸の外に出るのは割合自由だったが、勤番侍の外出は月4回に制限された。4回のうち2回は朝から夕方6時。もう2回は午後2時から6時まで。頻繁に外出させると、江戸の悪風に染まって身持ちを崩したり散財するのを藩当局が恐れたからと証言しているが、それだけ勤番侍は藩邸外でトラブルを引き起こしていた。

藩により事情は異なるが、藩邸の門の出入りは日の出から日暮れまで。門限は原則として午後6時だが、午後8時という事例もあった。

屋敷の外に出る時は、藩士の行動を取り締まる目付役から鑑札《かんさつ》（門札《もんさつ》、切手）を貰い、帰って来ると返却するシステムになっていた。外出中、鑑札をずっと持ち歩くのではなく、屋敷の門を出る時に門番に渡した。外出から戻って来ると門番から受け取り、当番の目付に返却した。

松山藩の事例ではないが、木製の鑑札とは別に、「他出札」という紙の札が支給される場合もあった。毎月1日に、外出可能な回数分の紙の札が渡される決まりだった。

銭湯を描いた絵。銭湯に行くと称して外出をもくろむ藩士は少なくなかったようだ
(『職人尽絵詞〈模写〉』国会図書館所蔵)

しかし、町の銭湯に入るために外出する場合は回数の制限外となる。藩邸内にも共同浴場があったが、鳴雪によれば勤番侍専用の風呂だった。熊本藩細川家では身分により入湯時間が決まっており、中小姓以上は午前6時〜8時。歩士は午前8時〜正午。足軽以下陪臣は正午〜午後6時。身分による時間設定は他藩も同様だったはずだ。

屋敷内に住む藩士のなかで、重臣クラスの居宅には風呂が付いていた。共同長屋とは別に風呂付の居宅を藩邸内で与えられたわけだが、父が定府侍で目付役を務める鳴雪の場合は風呂付の居宅ではなかった。そのため、町の銭湯に出かけている。

町の銭湯に入る場合も鑑札を渡して外出した

が、4時間以内という時間制限が課せられていた。しかし、4時間もあれば銭湯に入った後、近隣ならば買い物などをして藩邸に戻ることは充分可能だろう。

なお、後述する神田明神などの祭礼や将軍の江戸市中御成《おなり》の時は、外出が禁じられた。出火の際もすぐ藩邸に戻ることが求められた。夜間の外出は最初から禁止されていた。

▼ゆるい門限

私用では屋敷の外に出ることが月数回に制限されていた勤番侍としては、数少ない外出日は制限時間いっぱいまで使いたかったことは疑いない。よって、帰りが門限ギリギリになるのは避けられなかった。

こうして、門限を知らせる午後6時の拍子木《ひょうしぎ》が鳴る頃には、どの江戸藩邸の門前でも、血相を抱えて門内へ走り込む勤番侍の姿がみられた。鳴雪によれば、刀の大小を肩に担ぎ、袴の股立ちを腰に挟んで裸足で駆けつける姿だったらしい。

門限に間に合わない藩士も多かったが、遅れたとなると、一大事だ。国元に強制送還となり、長きにわたって謹慎に処せられる。これを「御門切れ」と呼んだが、実際はお目こぼしがあった。

拍子木を打つ侍も同僚の藩士であるから、ゆっくりと藩邸内を打って回る。回り終わると門を閉めるよう門番に命じる。だが、当人が帰って来そうにない時は、その仲間の藩士が拍子木を打つ藩士に銭をつかませ、もっとゆっくり回らせた。

それでも帰って来ないと、拍子木を打つ藩士を抱き留めて時間を稼ぐ。そうこうしているうちに、外出していた藩士が駆け込んできたと鳴雪は証言する。武士は相身互《あいみたが》い身《み》という光景が繰り広げられたのである。

御三家の一つ紀州藩徳川家の勤番侍であった酒井伴四郎《ばんしろう》が残した万延元年（１８６０）の日記（江戸東京博物館蔵）によると、その年の11月14日に伴四郎は寄席に行こうと外出したが、帰りが門限の午後6時どころか、午後10時を回ってしまう。ただでは済まないはずだったが、門番に銭１００文を掴ませて屋敷内の長屋に難なく戻っている。

袖の下を使ったわけだが、伴四郎の日記によれば、こうしたことは一度切りではなかった。

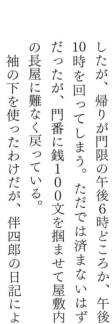

山王祭を描いた絵。山車の行列が市中を進む様子が描かれている（歌川国輝『山王御祭礼図』東京都立図書館所蔵）

紀州藩に限らず、どの藩でも同じような事例はあったに違いない。

一見、門限は厳しかったが、実際はゆるかったのである。

▼仮病の続出

江戸には将軍の御上覧《ごじょうらん》を受ける祭礼として、神田明神（現神田神社）の神田祭と山王権現（現日枝神社）の山王祭があった。この二つの祭礼は別格で、特に天下祭《てんかまつり》と呼ばれた。江戸随一の人出を誇っていた。

それだけ人出が多いとなると、喧嘩などトラブルが続出するのは避けられなかった。各藩の江戸藩邸では自家の藩士がトラブルに巻き込まれるのを危惧する。藩の名前が出て、大名の名前に傷が付くのを恐れた。

そのため、藩当局は勤番侍に限らず藩士たちに対し、祭り見物には出かけないよう外出禁止を命じた。総じて人が集まる縁日の外出は禁止されたが、実際はまったく守られていなかった。

鳴雪によれば、屋敷の外に住んでいる藩医に診てもらう名目で、外出することが藩当局から黙認されたという。よって、天下祭の日は藩邸内に病人が急に増えた。祭礼を見物したい藩士は仮病を使って外出したのである。

この秘策は祭礼の時だけに使われたのではない。歌舞伎を見物する時も、仮病を使って外出した。武士が芝居見物するのは外聞が悪かったからだろう。

藩が祭礼見物を目的とする外出を黙認した背景には、外出制限による不満が何かの拍子で爆発することへの懸念があった。一種のガス抜きだが、その方便として活用されたのが病気なのである。

江戸時代はアンダーグラウンド　その八

藩士が幕臣になりすます裏道

——武士の情けで幕府の重要イベントに参加

▼中津藩士の福沢諭吉が幕臣の家臣に

鎖国をしていた幕府が外交使節を海外に派遣したのは、安政7年（1860）が最初だった。自由貿易の開始をうたった日米修好通商条約の締結にともない、アメリカに批准書交換の使節を派遣することになったからである。

1月22日、外国奉行・新見《しんみ》正興《まさおき》が遣米正使を務める使節団がアメリカの軍艦ポーハタン号に乗船し、渡米の途に就いた。その先払いのような格好で、3日前の19日に同じくアメリカに向かったのが軍艦咸臨丸《かんりんまる》であった。

安政2年（1855）より、幕府は長崎に設置した海軍伝習所で海軍士官を養成していた。この長崎での海軍伝習の成果として、日本人の手で咸臨丸を操船させアメリカに向かわせることが幕府内で決まる。咸臨丸の指揮は勝海舟が取り、その上官のような立場で軍艦奉行の木村喜毅《よしたけ》が同乗した。

ポーハタン号にせよ、咸臨丸にせよ、乗船できたのは原則として幕臣のみである。外交権を独占する幕府は、使節団のメンバーについては幕臣に限った。ただし、裏道を使って藩士がメンバーに入ることもあった。豊前中津藩出身で慶応義塾創設者の福沢諭吉も、その一人である。

安政5年（1858）10月中旬、福沢は中津藩の江戸藩邸（鉄砲洲中屋敷）に入った。長崎や大坂で学んだオランダ語を、江戸藩邸詰の藩士に教えるよう藩から命じられたためだ。そのすぐ近くの築地には、自分の運命を変えることになる奥医師・桂川《かつらがわ》甫周《ほしゅう》の屋敷があった。

奥医師とは将軍やその家族、大奥に勤める奥女中の診察や治療にあたった医師である。奥医師を代々務めた桂川家の専門はオランダ流の外科で、同家にはオランダ語やその学問（蘭学）を学んだ者たちが大勢出入りしていた。江戸に出てきた福沢も桂川の屋敷に出入りしたが、ある出来事を契機に英語を学びはじめる。

アメリカなど欧米諸国と通商条約を結んだことで、安政6年（1859）6月に横浜が開港となった。貿易開始を受けて横浜港に外国人居留地が置かれたため、福沢も見物に出かけた。欧米諸国からやってきた貿易商人たちがすでに多数出店していたが、居留地ではオランダ語がさっぱり通じず、大変なショックを受ける。

江戸に戻った福沢は横浜の居留地で見たり聞いたりした外国語はオランダ語ではなく、英語だったことに気付く。世界を動かす列強とは英語を使うイギリス、アメリカ、あるいはフランスやロシアなのであり、オランダは西洋の一小国に過ぎなかったことを悟った。

福沢諭吉。交流のあった幕府の医師を介して、軍艦奉行・木村喜毅の従者になることに成功。咸臨丸への乗船が叶うこととなる

そんな現実を思い知らされた福沢は、一念発起して英語を学びはじめた。そうした折、幕府が批准書交換のため使節団をアメリカに派遣するという情報に接する。なんとか渡米したいと思った福沢だが、幕府につてなどまったくなかった。

しかし、軍艦奉行の木村が咸臨丸への乗

軍艦奉行・木村喜毅。遣米副使に任命されたため、咸臨丸も遣米使節が乗船する軍艦となった

船を命じられたことで、福沢に光明が差し込む。桂川の亡妻は、木村の姉だった。福沢はそこに目を付けた。渡米したい気持ちを桂川に打ち明け、義弟に当たる木村を紹介して欲しいと頼み込んだのだ。

桂川は福沢の願いを受け入れ、紹介状を書いた。これを持って木村を訪ね、渡米したいと福沢が懇願したところ、願いが叶う。木村の従者つまり御供という名目で咸臨丸への乗船が許可され、渡米できる運びとなった。中津藩士ではなく、幕臣の従者に化ける奥の手を使ったのである。

木村や桂川の配慮がなければ、陪臣（藩士）身分の福沢は咸臨丸に乗船して渡米することはできなかった。ひいては、明治に入って近代化の旗手として名声を得る福沢諭吉も存在しない。そのことは福沢自身が一番よくわかっており、終生木村を恩人として敬い続けた（安藤優一郎『将軍家御典医の娘が語る江戸の面影』平凡社新書）。

ポーハタン号に乗船した遣米使節団のメンバーにも藩士が交じっていた。仙台藩士の玉《たま》虫左太夫《むしさだゆう》はその一人である。

ただし、仙台藩士の立場で乗船したのではない。正使新見正興の従者として乗船した。幕府が派遣した使節団である以上、藩士の身分ではメンバーに加われなかったが、正使つまり幕臣の従者に化ける抜け道により乗船に成功する。玉虫を使節団に加えて欲しいという仙台藩からの強い要望を、幕府が受け入れたのだ。ポーハタン号に乗って渡米した玉虫はアメリカの文物を視察し、帰国後に『航米日録』という見聞記録を残す。

安政4年（1857）に玉虫は箱館奉行・堀利熙《ほりとしひろ》の蝦夷地巡見に随行したことがあった。その実績も考慮され、乗船を許されたのだろう。

▼尊王攘夷の志士高杉晋作を生んだ上海への渡航

幕府黙認のもと、藩士が幕臣の従者に化けることで幕府の外交使節団のメンバーに加えられた事例をみてきた。その後も同様の事例は続く。

幕府は通商条約の締結により横浜港などを開港したが、外国船の入港を待つだけでなく、日本の方から貿易に打って出ようと目論んでいた。いわゆる出貿易である。具体的には上海をその拠点として想定していたが、当時の中国は清王朝の時代だった。

幕府はその下見のため、上海に使節団を派遣することを決める。使節団というよりも調査団と表現した方が正確だが、水夫も含めると総勢51名であった。そのうち、幕府役人の従者という名目でメンバーに加わった藩士の一人が長州藩士の高杉晋作である。藩士に外国を視察させたい長州藩が幕府に頼み込んだのだ。

高杉晋作。長州藩が幕府に頼み込んで、上海への使節団に参加した

文久2年（1862）4月27日、晋作たちを乗せた千歳丸は長崎を出航して上海に向かったが、この海外渡航が晋作を大きく変える。

晋作が生まれた頃、隣国の清はイギリスと開戦する。アヘン戦争がはじまったが、眠れる獅子として恐れられた清はイギリスの前に敗北を喫し、南京条約の締結を余儀なくされる。天保13年（1842）8月のことであった。

南京条約に基づき、清は上海など五つの港を開いてイギリスに貿易を許したため、イギリス商人が商館を次々と建設していく。以後、外国商品がとめどなく入り込み、国内の産業は破壊されていく。イギリスに続いて、アメリカやフランスなどの欧米列強も上海に進出したため、上海は外国商館の街に変貌した。

5月6日に千歳丸は上海の港に入ったが、そんな外国商館の街となっていた上海を見た晋作は大きな衝撃を受ける。港も欧米の商船や軍艦が埋め尽くしていた。晋作の眼には清の領土でありながら、イギリスやフランスの属領にしか見えなかった。

いずれは、通商条約により貿易を開始した日本も上海のようになるのではないか。速やかに攘夷を実行して外国を打ち払わなければならない。眠っていた攘夷の志が目を覚ます。

帰国した晋作は攘夷運動の先頭に立つことを決意する。それは師匠の吉田松陰の志を継ぐことでもあった。やがて、その矛先は幕府にも向けられるのであり、晋作の渡航を許した幕府にとっては皮肉な結果となる。

なお、明治を代表する実業家となる薩摩藩士の五代友厚《ごだいともあつ》もこの時上海に渡航したが、幕府役人の従者となることができず、水夫に化けて千歳丸に乗っている。

開国後は、幕府役人つまり幕臣の従者に化けるという抜け道を使って、藩士も外国へ次々と渡航していったのである。

第二章 庶民編——建前と本音の賢い使い分け

江戸時代はアンダーグラウンド　その九

違法な賭博に熱狂する庶民たち
——取り締まるはずの役人も時には加担

▼幕府が唯一公認した賭博

江戸時代、総じて賭け事は盛んであり、武士の間でも碁や将棋、双六といった勝負事での賭けが珍しくなかった。当然、幕府や藩は、碁や将棋などでの賭けを厳禁している。刃傷沙汰のようなトラブルの原因となるとして、碁や将棋を指すこと自体、禁止する事例さえみられた。

しかし、幕府や藩は喧嘩両成敗の方針のもと、武士どうしのトラブルを抑え込むことに

富突を描いた絵（『萬々両札のつき留』ボストン美術館所蔵）

躍起であったものの、賭け事の禁令は有名無実化していた。碁や将棋、双六での賭けは繰り返し禁じられたものの、禁令に効果はなかった。

もっとも、それは賭博犯を処罰しなかったことを、意味したわけではない。幕府や藩は、摘発した者を厳罰に処している。ケースバイケースではあったが、遠島《えんとう》や追放などの重罪が科される事例は多かった。死罪という極刑も珍しくない（江戸初期にその傾向が強かった）。しかしそれでも、賭博を根絶することはできなかった。

庶民にとっても事情は同じで賭け事は横行しており、根治することは事実上、不可能だった。庶民の身近な賭け事は賽子《さいころ》やかるたを使ったものだが、現代の宝くじにあたる富突《とみつき》も外せない。幕府が唯一公認した合法的な賭け事でもあった。

幕府は何であれ賭け事の公認には消極的だったが、寺社主催の富突に限り、許可制とすることで公認した（理由は後述）。幕府の許可を得た富突は御免富《ごめんとみ》と呼ばれた。富突自体は合法的なものだったが、いつの世にも悪だくみをする者はいるもので、富突を利用した幕府非公認の賭け事も、横行することになってしまう。

▼御免富の裏側

まずは、富突の仕組みから解説しよう。

参加者は、寺社が販売する富札を購入する。富札には、「子《ね》の八十八番」などの番号が付けられており、番号が抽選会であたれば賞金ゲットというわけだ。

抽選会は、寺社の本堂や拝殿が使用されることが多かった。抽選方法は独特で、発売された富札と同じ番号の木札を箱に入れ、箱の小穴から錐で木札を突き、当たりを決める仕組みであった。当たり札を突くシーンは時代劇で描かれることも多い。その後、当たり札をめぐって悲喜交交のドラマが展開されるのが、お決まりのパターンだ。

1等賞に相当する一の富は、100両から1000両まで、けっこう幅があった。次

◎富突の概要（文政期末、『江戸大富集』の記載）

富突を行う寺社数	約20カ所
開催頻度	感応寺・湯島天神・目黒不動・回向院・浅草寺は毎月定日に興行。それ以外の寺社では年４回が基本
最高賞金	感応寺・湯島天神・目黒不動・回向院・浅草寺は100両。根津神社・芝明神などは300両。記録に残るいちばん高い賞金は1000両
販売数	3000～5000枚程度。多いと２万～３万5000枚の場合も。浅草寺は２万4000枚
料金（札料）	感応寺・湯島天神・目黒不動・回向院は金２朱。浅草寺は銀２匁５分。根津神社・芝明神などは銀２匁８分～６匁

（『江戸博覧強記』を元に作成）

いで2等賞の二の富、3等賞の三の富となる。現代と同じく前後賞（「両袖附」）や組違い賞（「合番」）、組違いの前後賞（「合番両袖」）まで設定することもあった。主催者があれこれ知恵を絞り、購買意欲を高めようと狙っていたことがわかる。

富突はどれぐらいの頻度で興行されたのか。最盛期には、江戸だけで2日に1度ぐらいの割合だった。いかに、江戸っ子に人気のギャンブルであったかがわかる。

一獲千金を夢見て富札を買った江戸っ子にとっては、当選金もさることながら、富札の値段が一番の関心事だったはずだが、その値段にはかなりのばらつきがみられた。

「江戸の三富《さんとみ》」と称された感応寺・湯島天

神・目黒不動が発行した富札は1枚あたり金2朱というから、1両の8分の1にあたる。現代の貨幣相場に換算すると、1万円以上となるため、庶民にはかなりの高額だった。他の寺社の場合はその半額にあたる金1朱、さらに安い銀2匁《もんめ》5分という事例が多かった。5000~6000円ぐらいだろう。

現在、宝くじは1枚300円が相場であるから、いずれにせよ高額だ。江戸っ子にしてみれば、奮発して1枚買うのがせいぜいである。

そのため、数人から数十人で共同購入する事例が多かった。この購入方式は「割札《わりふだ》」と呼ばれた。発行枚数は富札の価格と連動しており、富札が高額ならば枚数は3000~5000枚、低額ならば数万枚だった。

幕府公認の興行であるため、主催する寺社の名前、富突を行う場所や日時、富札の販売期間などの情報が、町奉行所から江戸の町に向けて布告されることになっていた。この御免富の制度がスタートしたのは享保15年(1730)のことである。

なぜ幕府は、こんな射幸心をあおる興行を認めたのか。それは、寺社造営費用を賄うためである。幕府の財政に余裕があれば堂社の整備費を補助できたかもしれないが、折しも将軍吉宗による享保改革の真っ只中だった。幕府の財政難を背景に、支出を大幅に切り詰める倹約政策が断行中であった。

よって、幕府は寺社に富突を許可して整備費を集めさせることで、みずからはその負担から逃れようとしたのである。御免富の制度とは、みずからの懐を痛めないで済む巧妙な寺社助成策に他ならなかった。

▼人気を集めた違法賭博「影富・隠富」

富札を大量販売して短期間に大金を集められる御免富の興行は、寺社にとってたいへん魅力的だった。だが、これに便乗する形で「影富《かげとみ》」が広まってしまう。

影富とは、感応寺・湯島天神・目黒不動の一の富の当たり番号を予想した賭け事である。現在の宝くじで言うと、購入者が番号を自分で決められるロト6やナンバーズに似ている。三富で富札を買うのではなく、影富の札を買って賭け事をする賭博行為だ。これが江戸庶民の間でたいへんな人気を呼ぶ。

御免富の札は庶民には高額であったが、『守貞謾稿《もりさだまんこう》』によれば、影富はわずか1~2文（数十円）で札が買えた。当たれば、8倍もの当選金が手に入った。このことが、影富が大いに人気を呼んだ理由だったのは間違いない。

そんな高配当が魅力的に映ったのは、庶民だけではない。影富に大金を注ぎ込む裕福な者も現れる。

影富を主催する者は江戸市中に大勢の人を走らせ、札を売り歩いた。もちろん、御免富を主催する寺社非公認の札であるから、露見すれば幕府の処罰は免れない。当初は「富の出番」と言いながら影富の札を密売したが、処罰対象となる以上、幕府の目をくらます必要があった。

よって、「おはなし、おはなし」というフレーズを隠語として、札を販売するようになる。そのため、影富は「お咄《はな》しうり」と呼ばれた。「見徳《けんとく》売り」「札売り」という名称もあった。

こうして影富の主催者たちはおおいに懐を暖めたが、御免富を主催した寺社からすれば、営業妨害そのものであった。影富の対象が江戸の三富にとどまらなかったことは想像に難くない。

高配当に惹き付けられたことで影富の売り上げが増えれば、そのぶん御免富の売り上げは落ちてしまう。影富の存在自体が当の寺社にとっては死活問題だった。

幕府にしても富突を許可制とした以上、影富の横行を捨て置くことはできなかった。根絶を目指して、取り締まりを強化している。だが、影富に大きな需要があった以上、その効果は不充分なものにならざるを得なかった。

『守貞謾稿』では驚くべき事例も紹介されている。

抽選会当日、寺社奉行所の役人は検使のため会場の寺社に赴くことになっていたが、その検使役人の奉公人が、門前などに筵を敷いて、富突の見物客を相手に影富を行ったという。影富を取り締まる側が御免富の会場で影富を開帳していては、その根絶など夢のまた夢であった。

天保改革の嵐が吹き荒れた天保13年（1842）に、影富が便乗した御免富の制度は廃止される。結局のところ、御免富の廃止まで影富は根絶できなかった。

しかし、御免富と関係なく行われていた「隠富」は続いた。隠富とは、参加者から集めた賭け金を元手とした賭け事だ。幕府や藩の許可を得たものではない以上、違法賭博となる。影富と同じく御禁制とされたが、次のような方法により幕府や藩の目をくらましていた。

鎌倉時代からの金融システムに、頼母子講《たのもしこう》（無尽講ともいう）というものがある。講への参加者たちが一定の掛け金を拠出し続けた上で、一定の期日ごとに抽選や入札を行い、その当選者が所定の金額を順次受け取るという、互助的な金融組合であった。全員が所定の金額を受け取るまで掛け金を拠出するルールが採用されていたが、この頼母子講のシステムが悪用される。

表向きは何々講という名目で参加者から掛け金を集め、それを元手に札を発行して抽選日に当選者と当選金を決めたのだ。この頼母子講のシステムを隠れ蓑に、隠富と称された賭博は続いたのである。

江戸時代はアンダーグラウンド　その一〇

寺社門前で非合法な遊女屋が大盛況

——集客のために見て見ぬふりを決め込む寺社

▼飲食店が立ち並ぶ寺社の境内・門前

江戸で遊女屋の営業が幕府から認められたのは、吉原のみである。吉原以外での遊女商売は禁止されていたが、実態はまったく異なった。

非合法な遊女商売がみられた場所は、岡場所と称された。この岡場所が集中していたのが、寺社の門前である。浅草寺の門前町・浅草、永代寺の門前町・深川、護国寺の門前町・音羽、根津神社の門前町・根津などは、岡場所としてたいへん賑わった。

江戸時代は現代と違い、イベントホールのような集客施設は限られた。大きな室内施設としては歌舞伎小屋や料亭、旅籠屋ぐらいであり、人が自然と集まってくる場所と言えば寺社の境内をおいて他になかった。よって、信仰心を満たすだけでなく余暇も楽しめる空間として期待された結果、寺社地は盛り場と化していった。幕府から広大な土地を境内地として与えられたことも、その追い風となる。

◎浅草寺周辺で営業をしていた店

安永９年（1780）

境内	総店舗数		263軒
	飲食店	水茶屋	93軒
		団子茶屋	9軒
		飴見世	4軒
		菜飯茶屋	3軒
	生活用品店	楊枝屋	69軒
		ふし見世	20軒
寺社周辺	総店舗数		約80軒
	奈良茶飯《ならちゃめし》店、和菓子屋など		

※茶飯は、お茶で米を炊いてつくるご飯。ここに大豆・小豆・栗などを入れた塩味の茶飯が奈良茶飯

まずは、当時の寺社がいかに賑わいを見せたかを確認しよう。寺社周辺には、現代の繁華街かと見紛うばかりの多種多様な産業が集っていた。以下は、江戸の寺社のシンボルとも言うべき浅草寺の事例である。

安永9年（1780）の数字によれば、浅草寺境内の店の数は、263を数えた。業種で見ると、お茶や軽食を提供する水茶屋が93軒でトップ。飲食店では団子茶屋が9軒、飴見世が4軒、菜飯《なめし》茶屋が3軒と続いた。菜飯とは菜の物を炊き込んだ御飯のことである。

飲食店だけでなく、生活用品を売る店もあった。寺社境内の店と言えば土産物屋が定番だが、この時代は日用品も売られた。歯ブラシとして使用された楊枝や小間物などの生活用品を売る楊枝屋が69軒。お歯黒の染料である「五倍子粉《ふしのこ》」を売る「ふし見世」も20軒にのぼった。

門前で営業する店も80軒余を数えた。浅草寺門前は、江戸における奈良茶飯《ならちゃめし》発祥の地

年末の浅草寺で開かれた歳の市の様子（歌川広重『六十余州名所図会 江戸 浅草市』国会図書館所蔵）

でもあった。明暦の大火後、浅草寺門前の店が茶飯に豆腐汁・煮染め・煮豆などを添えて奈良茶飯として出したところ、大人気を博す。奈良茶飯とは大豆・小豆・栗などが入った塩味の茶飯のことで、奈良の東大寺や興福寺などで作られたことか

ら奈良茶飯と命名されたという。

浅草餅や羽二重団子《はぶたえだんご》などの和菓子を売る店も多かった。現在も仲見世近くに営業している安政元年（1854）創業の梅園《うめぞの》は、浅草寺別院梅園院《ばいおんいん》の一隅で開業したと伝えられる。

浅草寺に限らず、寺社の境内・門前には飲食店や生活用品を売る店が立ち並んでいたが、それだけではない。多彩な芸能が興行される芝居・見世物小屋などもあり、境内は江戸のエンタメ空間としての顔も持っていた。

このように、寺社の境内や門前は飲食街や娯楽街としての顔を持っていた。紛れもなく江戸の盛り場の一つであり、その寺社の魅力を高め、参詣者の増加に貢献する要因となっていた。

盛り場と化した寺社の境内や門前には、外食産業や娯楽産業が次々と進出する。となれば、遊女商売が登場するのは時間の問題だった。

▼遊女屋の顔も持つ料理茶屋

遊女商売は、料理茶屋や水茶屋・煮売茶屋に扮して行われた。飲食店の看板を掲げつつ、給仕する女性を遊女として働かせたのである。遊女商売が公認された吉原の遊女が「公娼」と呼ばれたのに対し、幕府非公認である岡場所の遊女は、「隠遊女《かくしゆうじょ》」「私娼」などと呼ばれた。

遊客にとり、岡場所の魅力は揚げ代の安さに尽きた。

深川の岡場所の揚げ代は金1両の5分の1にあたる銀12匁が相場であり、吉原よりもかなり安い。その上、芸者や幇間《ほうかん》に祝儀を払う慣習もなく、吉原で遊ぶよりもはるかに安くて済んだ。引手茶屋を通すなどの面倒な手続きも不要であり、江戸の各所に散在した岡場所はたいへん繁昌した。

もちろん、寺社としては門前に岡場所があるのは好ましいことではない。厳しく取り締まるべきところだったが、見て見ぬふりをしていたのが実態だ。岡場所の存在が境内の賑わいを増したことに加え、隠遊女を抱える門前や境内の料理茶屋から多額の冥加金《みょうがきん》が営業税のような形で納められていたことが背景にあった。

こうした裏事情があったとはいえ、寺社の門前で遊女商売が横行していた現実は識者から痛烈な批判を浴びる。江戸の社会風俗書として知られる『世事見聞録』の著者武陽隠士《ぶよういんし》も、隠遊女が多いと筆誅を加える。比叡山延暦寺や高野山の金剛峯寺などは女人禁制であるのに対し、江戸の寺社門前に岡場所があるのはいったいどういうことなのかと批判した。

こうした現状は江戸市中の風紀を乱す要因として、町奉行所も看過できなかった。遊女商売の独占を許された吉原の立場からすれば、岡場所の存在自体が営業妨害だった。町奉行所に取り締まりを強く求める。

町奉行所も吉原からの要請に応え、岡場所の摘発に取り組んだ。最も取り締まりが厳しかったのは8代将軍吉宗による享保の改革の時である。その現場責任者こそ、南町奉行の大岡忠相だった。

享保5年（1720）3月、江戸の町に次のような町触《まちぶれ》が出される。「以前より隠遊女の禁止を申し渡しているにもかかわらず、遊女商売を営む者がいる」として、隠遊女の捕縛が予告された。抱え主はもちろん、遊女を住まわせた家主も処罰の対象とされたが、訴人すれば免罪すると密告も奨励した。

予告通り、5月には本所松坂町（現墨田区）や三田同朋町《みたどうぼうちょう》（現港区）での隠遊女の摘発に踏み切り、抱え主を処罰した。町名主も監督不行届きということで、罰金を科している。また同7年（1722）8月にも、遊女商売を営む家屋敷や家財は没収する旨の町触が発せられた。非合法な遊女商売である以上、岡場所とみなされて取り締まりの対象となったわけだ。

浅草寺に桜の木を奉納する吉原の遊女たち。吉原は浅草寺の北約1キロの場所にあった（『浅草寺桜奉納花盛ノ図』国会図書館所蔵）

だが、寺社の門前は寺社奉行の支配地であるため町奉行所の役人は直接踏み込めず、取り締まりはどうしても不充分なものになっていた。その了解を得ている間に、隠遊女に逃げられてしまうわけだ。

当の寺社も遊女商売から利益を得ており、取り締まりに手心を加えたことは否めない。町奉行所による岡場所の摘発はなかなか進まなかったのが実情であった。

▼寺社参りが遊女屋通いの隠れ蓑に

寺社の門前に岡場所が多かったため、寺社参りは遊女屋通いの口実にされることが少なくなかったが、これは岡場所だけに当てはまることではない。吉原に向かう時は浅草寺が隠れ蓑として使われるのが定番だった。吉原と浅草寺の距離が割合近かったことから、浅草寺に御参りに行くと言って実は吉原に遊びに出かけていた、ということがよくあったのだ。

「女房と雷門で出っ食わし」という川柳が残されている。吉原に遊びに行こうとした夫が浅草寺雷門で妻に出くわし、事情を説明しようと慌てる様子を唄ったものだ。吉原からの帰途、雷門で妻に出くわした時の様子を取り上げたのかもしれない。

吉原の遊女屋や抱えの遊女も、浅草寺との距離の近さに目を付けた。浅草寺の開帳時になると、遊女屋や遊女からの奉納物が境内所狭しと並べられた。吉原の遊女屋・遊女が、浅草寺への参詣者に名前を売り込んで登楼《とうろう》を誘ったのである。

開帳とは浅草寺の本尊を期間限定で拝観させる行事のことで、期間中は参詣者で境内はごった返す。それに目を付け、遊女屋や遊女は浅草寺に奉納物を納めたのだ。浅草寺は吉原の遊女屋にとって、熾烈な営業合戦の舞台となっていた。

寺社参りと遊女商売の密接な関係は、江戸っ子が片道1泊2日ほどでお参りできる江戸周辺の寺院参詣でも確認できる。参詣はもとより、参詣後の精進落としが密かな楽しみだった。

下総国の成田山新勝寺への参詣（成田詣という）では成田街道船橋宿。相模国の大山不動への参詣（大山詣という）では東海道藤沢宿での精進落としが定番である。精進落としには飲食はもちろん、遊女屋での遊興も含まれていた。

江戸時代はアンダーグラウンド　その一一

違法風俗のおかげで大繁栄した宿場町

――吉原が営業妨害だと訴えるも幕府は黙認

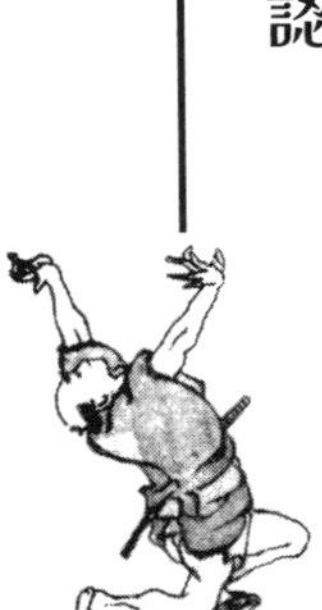

▼飯盛女という遊女

江戸の町において、吉原以外で禁止されたはずの遊女商売が横行したのは、何も寺社の門前だけではない。江戸四宿《ししゅく》（品川・内藤新宿・板橋・千住）と呼ばれた宿場町にしても同じだった。

ただし、寺社の門前などとは異なり、宿場町での遊女商売は事実上黙認されていた。幕府が旅籠屋に飯盛女を置くことを許したからである。

◎**江戸四宿**…江戸日本橋からもっとも近い宿場町の総称

名称	位置する街道	主な特徴
品川宿	東海道	参勤交代で利用する大名が多く、四宿のなかで旅籠屋数が最多
内藤新宿	甲州街道	日本橋から甲州街道最初の宿場まで離れていたことから新設された宿場。浅草の商人が設置を主導
板橋宿	中山道	近江や信濃などの商人の通行が多め
千住宿	日光・奥州街道	天保期の人口は約１万人。四宿のなかで最大の面積

街道筋に設置された各宿場には、様々な商人や職人が店を構えていた。江戸四宿の一つ甲州街道内藤新宿《ないとうしんじゅく》の場合でみると、旅人が宿泊する旅籠屋を筆頭に、休憩や食事のため立ち寄る茶屋、食料品を扱う米屋、酒屋、醤油屋、豆腐屋、水菓子屋、飴屋、青物売り、衣料品を扱う古着屋、足袋屋、股引屋などが出店していた。大工・左官・桶屋・差物屋などの職人も住んでいた。

宿場町というと街道を旅する旅人を泊める町のイメージが強いが、実は宿泊だけの町ではない。様々な人やモノが行き交う地域経済の流通センターとしての顔を持ち、物資のほか情報や文化も得られた地域生活の最先端を行く町であった。

旅籠屋では、飯盛女と呼ばれた女性も働いていた。宿泊客に御飯を盛ることが役目とされたが、裏では遊女として働いた。

幕府は、吉原以外での遊女商売は禁じるスタンスを取っていた。よって、旅籠屋での遊女商売を認めることはできなかったが、旅人に給仕する女性を飯盛女という名目で置くことは容認する。

旅籠屋が遊女として働かせることは、見て見ぬふりをしたのだ。すでにみたように、成田詣や大山詣に出かけた江戸っ子が宿場町で精進落としができたのも、旅籠屋が飯盛女を抱えていたからに他ならない。

旅籠屋に必ず飯盛女が置かれたわけではない。飯盛女を置かない旅籠屋（平旅籠屋《ひらはたごや》と呼ばれた）もあったが、飯盛女を抱えることで大いに繁昌したのは事実である。宿場の繁栄にもつながった。

宿場の運営は、その主役たる旅籠屋や茶屋から徴収する役銭で支えられていた。いわば営業税だ。なかでも飯盛女を抱える旅籠屋が納める役銭は多額だった。それだけ利益を挙げたわけだが、飯盛女の揚げ代が原資となっていた。

宿場で遊女商売を営んだのは旅籠屋だけではない。茶屋も給仕する女性を遊女として密かに働かせていた。飯盛女とともに宿場を陰で支える存在であった。

江戸四宿の一つ品川宿。日本橋から東海道を進むと最初につく宿場町だった（歌川広重『東海道五十三次』）

▼幕府に取り締まられる飯盛女と宿場町

しかし、遊女商売の独占を許された吉原からすると、そうした実態は営業妨害以外の何物でもなかった。特に江戸四宿は江戸郊外に位置し、強力な商売敵に他ならない。吉原はその動向を絶えず注視し、町奉行所に取り締まりを強く求めた。

将軍吉宗の時代、幕府は岡場所の摘発にたいへん熱心だった。享保5年（１７２０）5月に江戸市中の岡場所を摘発した事例はすでに紹介したが、その対象は寺社の門前にとどまらなかった。

2年前の享保3年（１７１８）10月には、飯盛女の数に制限を加える法令を発していた。飯盛女の増加を受け、江戸日本橋から半径40キロ以内の宿場では旅籠屋1軒につき飯盛女の数は2名を上限と定める。

江戸四宿は半径40キロ圏内にあたっており、狙い撃ちにされた格好である。幕府としては、その数に制限を設けることで今後の摘発に備えた。

同じ月、品川宿のすぐ北にあった北品川新町や善福寺・法善寺両門前町で、飯盛女に似た女性を抱えていた茶屋が摘発され、遊女商売をしている岡場所とみなされた。幕府は女性を親元に帰し、茶屋の経営者には罰金を科し、茶屋の2階座敷は取り払うよう命じた。大勢の飯盛女を抱えて遊女商売を展開する品川宿への威嚇でもあった。

同じく10月には、江戸四宿の一つ甲州道中内藤新宿が廃宿の処分を受ける。

幕府からの申渡しによれば、甲州街道の交通量が少ないことが廃宿の理由だが、それは表向きの理由に過ぎない。岡場所の摘発に熱心だった幕府が、見せしめの形で廃宿の処分を下したのである。

それだけ、飯盛女による遊女商売が目に余ったのだ。内藤新宿は元禄12年（1699）に開設されたばかりの宿場だったが、明和9年（1772）に復活するまで、しばらく雌伏の時代を過ごす。

こうして、品川・板橋・千住宿が抱える飯盛女の数は旅籠屋1軒につき2名以内に抑えられ、内藤新宿に至っては廃宿の処分が下った。三宿は窮地に追い込まれていく。すなわち、飯盛女を抱えることで旅籠屋、そして宿場は繁栄していたからである。三宿の景気が沈滞化するのは避けられず、いきおい旅籠屋からの役銭も減って宿場の運営まで苦しくなった。

ところが、明和7年(1770)8月に三宿側が驚喜する出来事が起きる。

▼幕府の思惑で宿場町の遊女商売が復活

旅籠屋1軒につき飯盛女は2名が上限と定められた品川宿だが、実際のところは2名を超える事例が少なくなかった。宿泊客を増やすため、1人でも飯盛女を増やしたいのが旅籠屋の本音だった。

もちろん、吉原が黙って見過ごすわけがなかった。結果、吉原からの訴えを受けた町奉行所の役人が規則違反の旅籠屋に踏み込む事例は、跡が絶えなかった。

それだけ品川宿は追い込まれていたが、飯盛女が宿場の賑わいを支える構造は板橋宿・千住宿にしても同じである。三宿とも景気の落ち込み、そして宿場の運営に苦しむ。

そんな三宿の窮状を受け、幕府はある政治判断を下す。それまでの方針を覆し、品川・板橋・千住宿の飯盛女の大幅な増員を認めた。

当時、品川宿の旅籠屋は80〜90軒、板橋宿は7軒、千住宿は23軒であり、その倍の数しか飯盛女を抱えられなかったが、品川宿は５００人、板橋・千住宿は１５０人まで抱えることを許す。品川・千住宿は約3倍、板橋宿に至っては一躍10倍を超える増員が認められた計算だった。

幕府が飯盛女の大増員を許可したのは、三宿の財政悪化が役人の公用通行に支障をきたすのを恐れたからである。幕府役人が公務で出張する際、必要な人馬は宿場が負担したが、このままでは三宿が負担に耐え切れなくなる事態が想定された。

しかし、飯盛女の大増員を認めることで旅籠屋の売り上げが増せば、その分宿場の財政が好転する。公用通行に必要な人馬も確保できるという読みのもと、従来の方針を変更したのだ。

幕府からの飯盛女増員の通達は三宿をして驚喜させたが、吉原にとっては青天の霹靂でしかなかった。その上、翌々年の明和9年（１７７２）には内藤新宿も宿場町として復活する。江戸四宿の復活でもあった。

江戸四宿は復活のきっかけを得ることができたが、吉原との対立が激化するのは避けられなかった。江戸の華やかな花柳界の裏では、吉原と岡場所が遊女商売のマーケットをめぐり、鎬《しのぎ》を削っていたのである。

江戸時代はアンダーグラウンド　その一二

江戸に蔓延する偽ブランド酒

——問屋がパッケージ偽装を主導して荒稼ぎ

▼江戸では下り酒が大人気

江戸時代は新田開発が進んだことで、米の収穫量が大幅に増えた。と言っても、人口の大半を占める生産者の農民は麦や粟・稗《ひえ》などの雑穀類を常食としており、米を食べるのはお正月などの「ハレ」の時に限られた。これでは米が大量に余る計算となるが、実は酒造米として、相当な量が消費されていた。

天明8年（1788）3月、幕府は酒造米の全国調査を実施する。同5年（1785）

江戸に暮らすさまざまな職業に就く人々を描いた絵巻。中央に描かれているのが酒屋（『職人尽絵詞〈模写〉』国会図書館所蔵）

段階の酒造米高を調査したところ、日本全体で８００万石を超える米が酒造米として使用されていたことが判明した。少し時代が下った天保期の総石高が約３０００万石だから、少なくとも全国の４分の１以上の米が、酒米として使われていたことになる。

酒造業の発展には実に目覚ましいものがあった。それだけ米は酒造米として消費され、酒が飲まれたのである。

酒造りの中心地は、大坂や京都を中心とする上方だった。

当時は酒造りに限らず、上方の産業技術力は関東の技術力をはるかに上回った。そのため、江戸の人々は上方、つまり関西で製造された品は何であれ「下《くだ》りもの」と称して非常に重んじている。要するに、高級品のイメージが持たれていた。そうした事情は酒についても当てはまる。

江戸時代の高級酒は、諸白《もろはく》と総称された。この諸白の産地こそが、伊丹や灘をはじめとする上方である。伊丹諸白に至っては「丹醸」と呼ばれ、将軍の御膳酒《ごぜんしゅ》に選ばれるほどの銘酒となる。こうして、上方で醸造された清酒（諸白）は下り酒として、江戸ではたいへんな人気を得る。

下り酒は、酒荷専用の樽廻船《たるかいせん》に積まれて海上輸送された。新酒が出来る秋に入ると、江戸ではその到着が大きな話題となった。

新酒が江戸に入るのは、毎年10月から11月にかけてのこと。酒を飲むのを待ち焦がれたのはもちろん、酒を運ぶ船のレースも、江戸の人々を盛り上がらせた。初物を愛好する江戸の人々の間では、一番着を目指してスピードを競う樽廻船のレース（「新酒番船《しんしゅばんせん》」）が、人気を集めていた。

それだけ酒が待ち遠しかったわけだが、そうした心理に付け込んで一儲けしようとする輩も、非常に多かった。

▼パッケージを偽装する類印商法の横行

下り酒に対する人気は、価格にもよく表れている。

文化後期（1810年代）の頃は、上方の極上酒は1升あたり200～248文で売られた。1合にすると20文ほどで、掛け蕎麦1杯（16文）より少し高いぐらいの価格だ。これが天保期（1830～44）になると、1升あたり倍近くの350、600～400文で売られる。人気が集まったために、下り酒は他地域の酒より高くても売れた。

つまりこの時期には、酒のブランド化も進む。ところが、これに目を付けて、人気のあった銘柄に似せた酒が送られることが、日常化する。

現代でも、人気食品の類似品を、競合他社が売り出すことはよくある。だが江戸時代には、人気銘柄に味を似せるだけでなく、パッケージを人気銘柄のものに偽るという、産地偽装が堂々と行われていた。酒樽を包む薦《こも》に、人気銘柄と同じ樽印を付けて売ったのだ。これは「偽印《ぎいん》」あるいは「似寄酒」と呼ばれた。現代風に言えば、偽ブランド商法に他ならない。

産地偽装は、東海地方で特に多かった。というより、東海地方の酒は、類印商法によって江戸でのシェアを拡大したといわれている（日本福祉大学知多半島総合研究所　博物館「酢の里」共編著『酒と酢　都市から農村まで』中央公論社)。

江戸の人々は上方からの下り酒のほか、東海地方で醸造された酒(中国酒と呼ばれる)、関東各地で醸造された酒(地廻り酒と呼ばれる)を飲んだ。東海地方の酒が中国酒と呼ばれたのは、江戸と上方の中間の国々で造られた酒だからである。

江戸に送られた酒は、荷受けした問屋から仲買を通して、小売り酒屋のもとへ届けられた。江戸の小売り酒屋は升酒屋《ますざかや》と呼ばれた。升酒屋とは、量り売りする酒屋のことである。樽単位で売られる場合もあったが、名前の通り升単位で売られるのが定番だった。

産地偽装のきっかけをつくったのは、江戸の下り酒問屋らしい。「剣菱《けんびし》」や「白雪《しらゆき》」など上方酒の人気銘柄が江戸で品薄になったのを受けて、江戸の下り酒問屋から東海地方の酒造人に対して「剣菱」の注文が入ったことが、そのはじまりとされている。

酒は生ものである以上、江戸までの輸送中に劣化する危険性が高かった。そのため、劣化した酒を直す「直し酒」の技術が向上する。劣化して酸が強くなり過ぎたため、灰を入れて中和させたのである。

だが、これもまた偽ブランド酒が生まれやすい温床となっていたことは見逃せない。この技術を駆使することで、江戸で人気銘柄に似せた酒を偽造することはいくらでも可能だったからである。

もちろん、偽造された酒造人からは抗議が入る。仲買に酒を下ろす問屋側は対応を迫られるが、結局のところはポーズにとどまり、いたちごっこに終わった。問屋側としては商売優先ということなのだろう。

そもそも偽造を持ちかけたのは問屋側なのであり、偽造した酒造人とは共犯関係にあった。取り締まりが形だけに終わるのは当然の結果だった。

江戸では下り酒の人気が高かったことが、一連の偽造酒の温床となっていた。偽造された側の酒造人としては近代に入って商標権という形で商標が保護されるのを待つしかなかったのである。

江戸時代はアンダーグラウンド　その一三

タブーの裏で堂々と肉を食らう人々
――鳥を食べるのは当たり前、獣肉食も江戸で繁盛

▼タブー視された肉食と米食の関係

かつて、日本では肉食がタブー視された。殺生禁断を重視する仏教が日本人の生活や意識に深く根付いていたことが社会的背景として指摘されるが、仏教伝来自体はその契機ではない。邪馬台国が取り上げられていることで知られる『魏志倭人伝』には、「倭人（日本人）は喪に服す間は肉を食べない」という記述がみられる。つまり、少なくとも仏教伝来より300年以上も前から、肉食はタブー視されていたということだ。

では、どのような理由から、肉食は忌避されたのか。一つには、仏教伝来以前より大陸から国内に伝わり、日本の代表的な農業となっていた、稲作との関係が指摘できる。

天武天皇4年(675)に、天武天皇は肉食禁止令を発している。仏教の影響だという指摘もあるが、禁令の対象は牛馬などに限られ、それまで日本人が食べてきた鹿や猪は除外された。これでは禁止する意味がないが、稲作への影響を鑑みると、目的が明らかになってくる。

この禁止令は、4~9月までの期間、つまりは稲作期間に限定されたものだった。おそらく、動物の殺生が稲作の妨げ(穢れ)になる、という考え方が広まっていたのだろう。

稲が無事に実ることは、古代国家にとって重要であった。米は聖なる食べ物として敬われていた。天皇も稲の収穫を祝って新穀を神々に供え、そして自分も食することで翌年の豊穣を祈願する新嘗祭を執り行った。だからこそ、不必要な殺生を控えることが求められたと考えられる。言い換えると、稲作に支障がなければ肉食は許容されたということだ。

翻って江戸時代に入ると、米の収穫高を社会的価値の基準に据えた石高制社会が到来する。江戸時代は米がすべての価値の基準となっており、土地の評価額から武士の身上に至るまで米で表示された。

それゆえ、肉食をタブー視する風潮が強まるのは自然の勢いだったが、人々が肉をまったく食べなかったわけではない。というより、世俗化した江戸時代において、食のタブーは揺らぎつつあった。江戸時代初期から鳥類は食の対象とされていたし、時代が下ると獣肉食も珍しくはなかった。これからみていくのはそうした、食に対する人々の本音である。

▼広く食べられた鶏肉と卵料理

そもそも江戸時代において、鳥を食べるのは当たり前のことだった。江戸初期にあたる寛永20年（1643）に刊行された『料理物語』という本には、鴨・雉・鷺《さぎ》・鶉《うずら》・雲雀《ひばり》など、18種もの野鳥が取り上げられている。現代では口にしない、様々な鳥が食用だったことがわかる。しかも調理法も多様だ。鴨の場合でみると、汁・刺身・なますなど15種類以上の料理法が紹介されている。

現在、鳥類のなかで最も食べられている鶏はどうかというと、卵を産む家畜として飼育されたこともあり、江戸初期の頃はあまり食べられなかった。鶏の鳴き声には太陽を呼び戻す力があると神聖視されたことも、大きかったようだ。

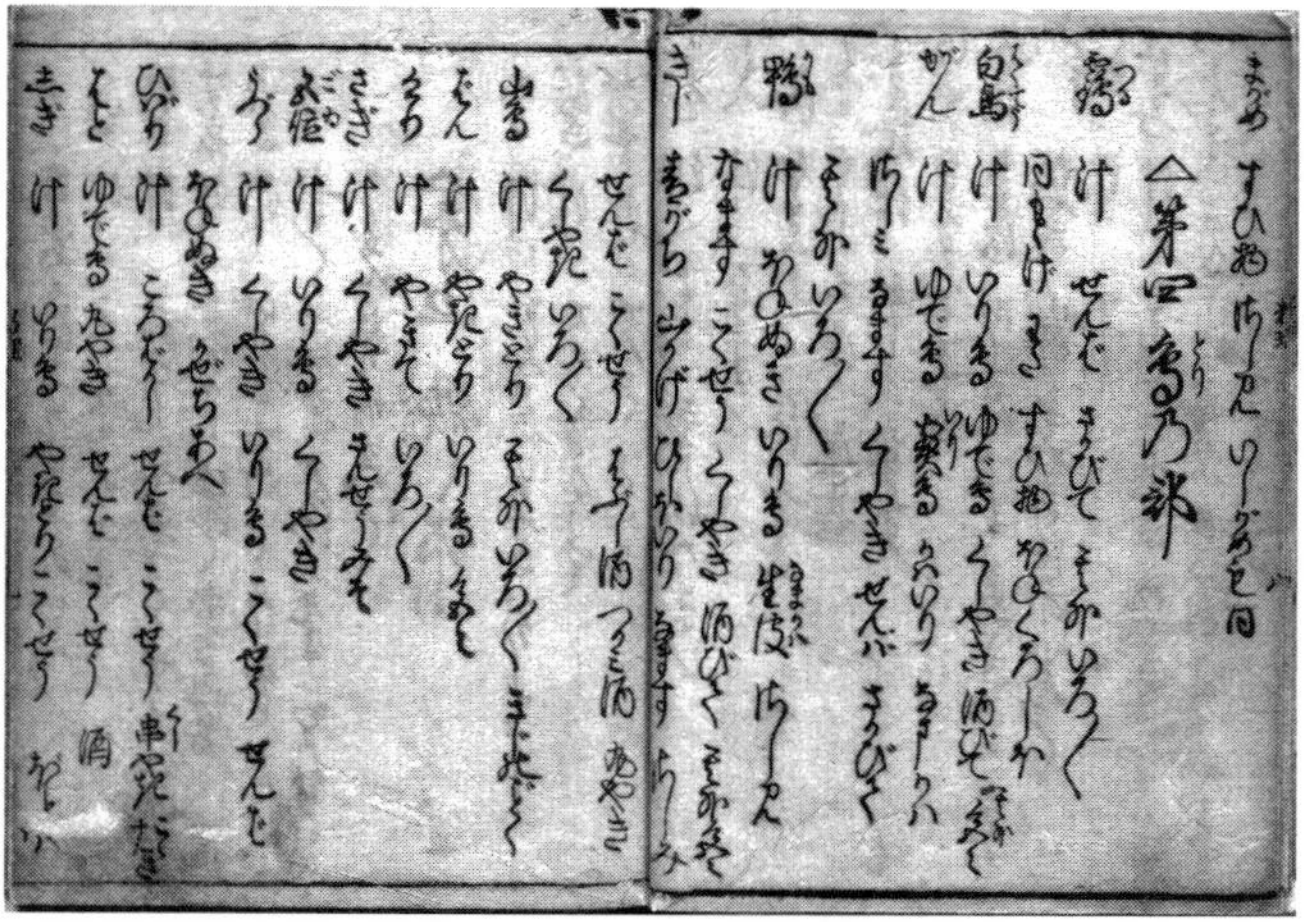

江戸時代の料理本に載る鳥の数々。右２行目の「第四 鳥の部」以降、鶴、白鳥、雁、鴨、雉などの名がみえる（『料理物語』国会図書館所蔵）

しかし、食用だった野鳥が乱獲されて鳥肉が不足すると、家畜用だった鶏も食用となっていく。『守貞謾稿《もりさだまんこう》』によれば、文化年間（1804〜18）以降、鶏肉は京都や大坂では「かしわ」と呼ばれ、葱鍋として食べられた。江戸では「しゃも」という呼び名で食べられた。価格の安さもあり、庶民の間で鶏肉の人気は高かった。

鶏の卵は高級品だったが、肉用に加えて採卵用の養鶏も盛んとなったことで、価格が低下していく。それに伴い、卵料理の数も一気に増える。天明5年（1785）に刊行された『万宝料理《まんぼうりょうり》秘《ひ》密箱《みつばこ》』には、103種類もの卵料理が掲載された。同年刊行の『万宝料理献立集』でも掲載された料理の献立すべてに卵が挙げられており、卵料理の普及ぶりが窺える内容となっていた。ちなみに、鳥を食べたのは庶民ばかりではない。大名は、将軍から拝領した鶴の肉を食べることがあった。鷹を野山に放って鳥類を捕える鷹狩りは、将軍にとっては堅苦しい城内の生活から解放される貴重な機会。定期的に催され、捕獲した鶴は大名に下賜された。

長寿の象徴として珍重された鶴の料理は、最高級のおもてなしだった。鶴を拝領した各大名家では、宴席の場を設け、家中で共食《きょうしょく》することが義務付けられた。切り身で下賜された鶴はお吸い物の形で共食された。

共食とは、神への供え物を皆で飲食することである。神と人、および人と人の結び付きを強めようという儀礼的な食事だ。神事の終了後、お神酒《みき》や神饌《しんせん》を下ろして飲食する酒宴は直会《なおらい》と呼ばれるが、拝領鶴の御吸い物の共食はまさに直会のようなものであった。

将軍からの拝領品とは、いわば神様から下賜されたものとして取り扱うよう求められたわけである。将軍の存在を当該の大名の家中にも改めて周知させようという幕府の目論見も透けてくる。

▼猪肉店の登場と薬食い

江戸っ子の間では鶏肉が人気を呼び、大名の間では将軍から下賜された鶴の肉が食べられたが、鳥類はともかく四つ足の動物となると、食用は一般的ではなかった。肉食をタブー視する風潮が枷になったことは想像するにたやすい。

「薬食い」という用語がある。養生や病人の体力回復のため薬代わりに肉食する風習のことだが、この用語にしても肉食をタブー視する風潮への配慮が窺える。

比丘尼橋周辺の江戸の絵。「山くじら」、すなわち獣肉食を出す店の看板が描かれている（歌川広重『名所江戸百景 びくにはし雪中』）

だが、江戸後期にあたる19世紀に入ると、獣肉を調理して提供する店が増えはじめる。それだけ、鳥以外の獣肉が食べられるようになったからである。

『守貞謾稿』によれば、天保期

（1830〜44）以降、肉食が盛んとなったという。獣肉を扱う料理屋の店先には「山《やま》鯨《くじら》」という文字が書かれた行燈《あんどん》が掲げられたが、山鯨とは猪を指す言葉だった。肉食をタブー視する風潮に配慮し、猪を山鯨と称して食べていたことがわかる。随筆家の寺門静軒《てらかどせいけん》が書いた『江戸繁昌記』にも、猪などの獣肉を「山鯨」と称して食べることが天保期頃には盛んになったと記されている。

店内では、山鯨こと猪や鹿の肉に葱を加えて鍋で煮た料理が出された。幕末にあたる嘉永年間（1848〜54）以降は、琉球鍋と称されて豚肉も出されるようになる。

江戸で獣肉を扱う料理屋は、北関東の山間部から材料の獣肉を得ていた。農民たちは猪鍋を「牡丹鍋」、鹿鍋を「紅葉鍋」などと称して食べており、鳥肉以外の獣肉を食べることにあまり抵抗感はなかった。とりわけ山間部ではその狩猟も盛んだったことから、獣肉の供給源にもなったのである。

明治に入ると、牛鍋屋が繁昌したことに象徴されるように、文明開化の時流を受けて欧米の食文化が日本人の間に広まる。よって、牛肉が食べられるようになったのは明治からという印象は今なお強いが、実は江戸時代から食べられていた。

江戸中期より、彦根藩井伊家では将軍や御三家、幕閣の要人に牛肉の味噌漬けを贈るのが習いとなっており、贈答先ではたいへん喜ばれた。いわゆる近江牛である。高給品ではあったものの、将軍や大名の間ではすでに牛肉が食べられていた（原田信男『江戸の食生活』岩波書店）。

古来、日本は稲作や仏教との関係で肉食がタブー視された。そうした事情は江戸時代に入っても変わらなかったが、鳥は広く食べられ、時代が下るにつれて猪・鹿・豚・牛といった四つ足動物の肉も食べられるようになる。

こうした肉食の拡大は、泰平の世を背景に食生活を充実させたい人々の食欲がタブーを乗り越えていった過程に他ならなかった。

江戸時代はアンダーグラウンド　その一四

重罪の関所破りが女性の間で横行

——バレれば死刑だが賄賂や抜け道で危機を回避

▼女性が関所で厳しくチェックされた理由

江戸時代には、軍事的な目的から全国に関所が置かれた。特に警戒されたのは、「入鉄砲《いりでっぽう》に出女《でおんな》」である。すなわち、幕府は江戸に鉄砲が運び込まれることに加え、大名が人質として江戸藩邸に居住させた妻女が江戸から抜け出すことを、非常に警戒していた。前者は鉄砲で謀反を起こす動き、後者は大名が妻女を脱出させて同じく謀反を起こす動きを指している。

◎江戸周辺の主な関所

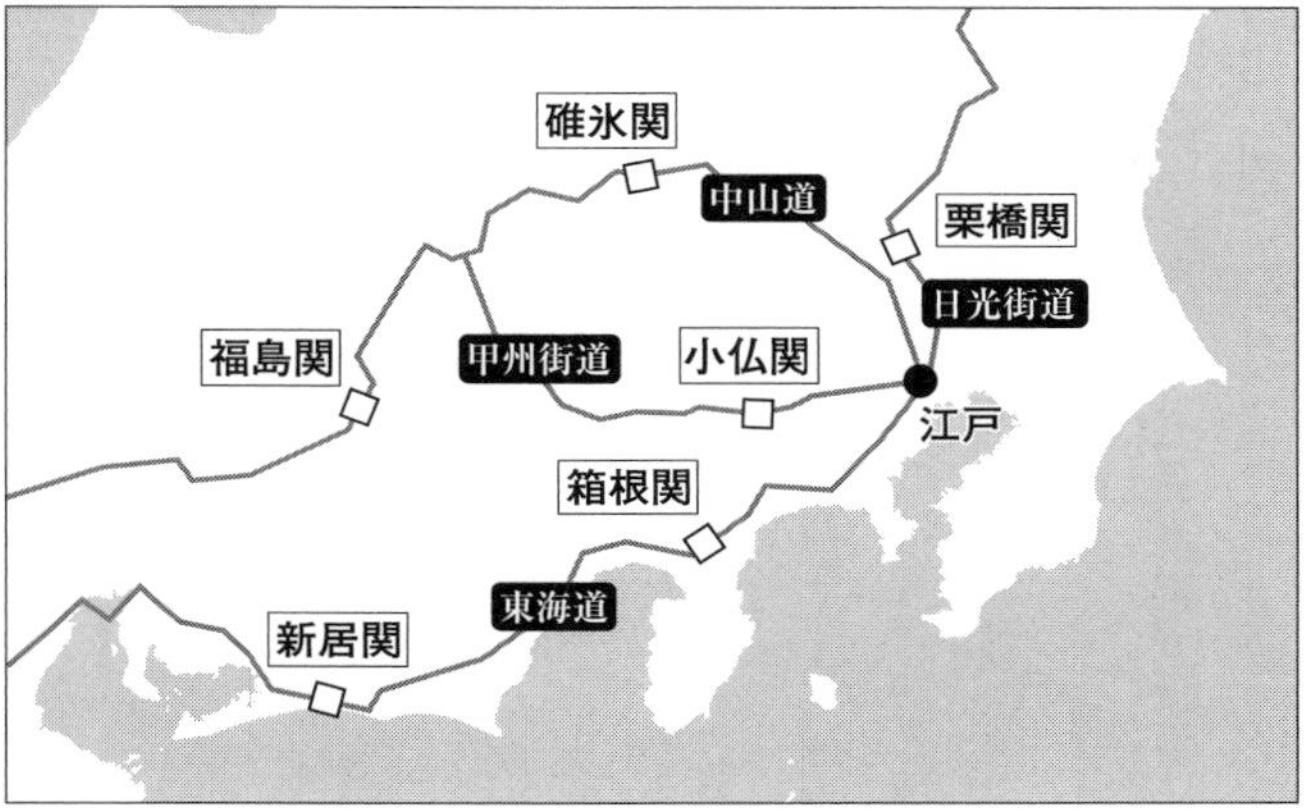

参勤交代制により、大名は妻女や世継ぎを江戸藩邸に置くことが義務付けられた。幕府にしてみると、人質に取ることで諸大名の叛逆を防ぐ狙いがあったため、その妻女が国元に戻ろうとする動きには、神経を尖らせる。おのずから、幕府が各地に設けた関所でのチェックは厳しいものになっていき、関所の数は全国で50箇所以上にものぼった。しかも、大名の妻女が国元に戻ろうとすれば、身分を隠して変装することは必至である。女性ならば、すべてチェックの対象とせざるをえなかった。

そんな背景があったから、関所での確認では男女で差が設けられた。女性は関所を通る際、檀那寺《だんなでら》が発行する往来手形に加え、関所手形が必要だったが、男性は関所手形の携帯を義務付けられていなかった。往来手形を関所で見せれば、不審な点がない限り通過できた（ただし、面倒を避けるため、手形の代わりに名主などが発給した証文を携帯するのが通例だった）。その手形は「伊勢参宮のため関所を通過させて欲しい」などという文言のみで、実に簡略な文面だった。

▼関所手形発給の面倒な手続き

一方、女性の場合は、女性宛の関所手形（女手形ともいう）発給の手続きからして非常に面倒だった。

長屋住まいの女性の場合、まずは家主（大家）が作成した町名主宛の申請書をもとに、町の取りまとめ役だった町年寄がその女性を調査する。その後、町年寄側で改めて奉行宛の申請書を作成。そこに関係者が署名捺印し、奉行所に提出される段取りとなっていた。

提出先は、居住地域によって異なる。江戸の町人ならば江戸町奉行所、幕府直轄領の領民は代官所である。大名や旗本領の領民の場合は、その大名や旗本が幕府に発給を求めた。

当初は幕府の職制のうち、留守居に直接申請して手形の発給を受けていた。留守居と

関所を描いた絵。場所は現在の長野県木曽町にあった福島関（『木曽海道六十九次 福し満』）

は旗本が任命される役職で、江戸城大奥の取り締まり、城門通行証の発行を任務とした（そのため、関所手形は留守居証文とも呼ばれた）。だが、申請者の増加に伴い、留守居の手に負えなくなる。江戸の町人の場合、万治2年（１６５９）には南北両町奉行所に業務が事実上移管されている。

発給された手形の内容は事細かい。身元、出発地と行先、どの関所を通過するのかはもちろん、髪型、妊娠の場合はその妊娠月、容姿に特徴があればその旨も記された。本人確認の際の重要項目にするためである。末尾には、手形発給の年月日、名目上の発給者たる留守居たちが署名・捺印した。

なお、女性であっても関所手形なしで通過できるケースもあった。江戸に入っていく「入女《いりおんな》」の場合は、手形がなくても通過させていたのが実態だ。住所や故郷の名主の名前や行き先などを答えさせ、風体や荷物にも怪しいところがなければ通過させたのである。関所側としても、一日に大勢の旅人の取り調べを済ませなければならない以上、不審な点がなければ通過させてしまったわけだ。

もちろん、不審な点があれば通過させなかった。頬被りをしている者、手足に膏薬を貼り付けた者、歩き方が不自然な者、傷を負っている者などは入念に取り調べている。

▼関所破りが絶えなかった理由

関所は必ず通過しなければならなかったが、山越えなどの手段を使い、関所を避けて通ろうとしたことが露見すればどうなるのか。

「関所破り」は大罪である。関所近くで磔に処せられるのが習いであった。抜け道を教えたり、案内した者も同罪だった。

にもかかわらず、関所を通らずに抜け道を通ろうとする女性旅行者は絶えなかった。

関所手形の発給には、手間も費用も掛かる。手形を関所に持参しても、女性の場合は関所が雇った人見女《ひとみおんな》による身体検査が行われたのだが、これも非常に嫌がられていたようだ

（詳細は後述）。結果、関所破りが続出することになる。

関所破りは、旅行者単独で行われることは少ない。宿場の旅籠屋などで知り合った案内者が同行していた。見知らぬ土地である以上、案内者に先導してもらった方が安全である。案内賃が必要だったのは言うまでもないが、宿場近くの旅籠屋には関所破りを勧める者が出入りしていた。女性たちはこうした者に金銭を支払って、関所での検査を避けていたのだ。

▼多様化する関所の避け方

こうして、案内賃を支払って関所破りをすることが女性旅行者の間で珍しくなくなり、関所の有名無実化が進行する。厳格な検査で知られた箱根関所とて例外ではない。

しかも関所破りだけでなく、合法的に関所を迂回する「関所抜け」もみられるようになっていく。回り道や道順を変えることで、箱根関所を通過せずに目的地へ向かう方法である。

また出女ではなく、入女で関所を通過する方法もあった。一例を挙げると、東北地方の女性が伊勢参宮をしたい場合、江戸に出て東海道経由で向かうとなると、箱根の関所を出女として通過する。検査は厳格なものとならざるを得ない。しかし、行きは江戸に出ず、日本海に沿って伊勢に向かい、帰りは東海道に道を取って江戸に向かう場合は入女となるため、検査は緩やかであった（金森敦子『江戸庶民の旅　旅のかたち・関所と女』平凡社新書）。

▼女性が嫌がった人見女の取り調べ

関所破りとまではいかなくても、関所の取り調べを軽くしてもらおうと、賄賂を積む例もみられた。賄賂の送り先は、女性旅行者の取り調べにあたった「人見女」と呼ばれる女性である。

箱根関所の場合、管理を委託された小田原藩の足軽の母や妻が、人見女を務めた。年配の女性であることが多く、「改め婆」とも呼ばれた。定員は2名だった。

江戸から出ていく出女と江戸に入っていく入女、いずれの場合も、取り調べは以下の手順で進められた。

まず、女性旅行者が伴頭たち関所役人の前に進み出て、関所手形を差し出す。文面を一読した役人は、取り調べを人見女に命じる。人見女は関所手形に記述された容姿の特徴を中心に本人確認を行った。この時には髪を解いて調べることも、慣例化していた。取り調べの結果、本人に間違いないと役人に報告すると、晴れて関所通過の許可がおりた。

このように、関所通過の決定権は事実上、人見女が握っていた。本人とは断定できないと報告されてしまうと一大事だった。関所を通すことはできないと申し渡され、手形を作り直してくるよう命じられることになる。家まで帰らなければいけない。特に出女の改めは、入女に比べて厳しかった。自然と、人見女の心証を悪くしないよう、注意せざるを得なくなる。

人見女を描いた絵。少年と思しき人物に対して、性別確認をしている最中（広重・豊国『雙筆五十三次 荒井』国会図書館所蔵）

そもそも取り調べで身体検査を受けること自体、女性にとって大きな負担だった。特に髪を解かれることに、女性は抵抗感を抱いたと思われる。当時の女性は、髪油《かみあぶら》でカチッと髪を固めて結うのが普通で、髪は頻繁に解くものではなかった。洗髪は月に1、2回程度だったといわれている。進んで髪を解きたいとは思わなかっただろう。

また、身分の高い武家の妻女となると、最下級の武士である足軽の妻に着物を脱がされて身体検査をされたり、あるいは髪を解かれること自体に強い抵抗感があった。抵抗感というより、嫌悪感と言った方が正確だろう。相手が女性であっても、身体検査や髪を解かれることに嫌悪感を持つ心情は、身分の上下にかかわらず、全ての女性が共有していたはずだ。

よって、袖の下を使って人見女の心証をよくしようという女性が続出する。取り調べの前に人見女に差し出す金銭は、「袖元金」と称された。

袖元金が差し出されると、人見女は髪を解く格好をするだけで取り調べを終え、何も不審な点はないと報告する。人見女への袖の下が慣例化するのは、自然の成り行きだった。

いつしか、袖元金の相場も生まれる。

庶民階級の女性ならば最低200文、上級身分の女性となると金1朱。庶民の女性にとっては決して少なくない額だが、手形を作り直す手間や往復の旅費を考えれば安い出費だった。

幕府も、袖元金という名の謝礼の授受があったことは把握していた。当然ながら取り締まりを図るが、この慣行をなくすことはできなかった。

庶民が江戸城で無礼講を許された日
――老中を爺さん呼ばわり、将軍を成田屋とはやす人々

▼城内に入れるチャンスだった町入能

将軍が住む江戸城内に入れたのは、原則として大名と幕臣、そして城内に生活物資を納入する御用達商人だけである。一般庶民にとって、江戸城は到底立ち入ることのできない空間だった。

ところが、大勢の江戸っ子が江戸城の本丸御殿にて、将軍に会える機会もあった。能の特別興行の時である。

能は本来、庶民階級の江戸っ子には縁遠い芸能だった。将軍や大名、あるいは公家といった上流階級が観賞した芸能であり、幕府の式楽《しきがく》（儀式に用いられる芸能）と位置付けられていた。江戸城内で定期的に興行されており、毎年正月3日に江戸在府中の大名を集めて行われる「御謡初《おうたいぞめ》」、2月頃に江戸に下向してくる勅使《ちょくし》の接待として行われる「勅使御馳走能《ちょくしごちそうのう》」などが催された。

こうした定期的な催しに加えて、将軍宣下や婚儀など将軍に慶事があった時にも、臨時に興行されていた。その時には大名ばかりでなく、将軍からの恩恵として、江戸っ子にも特別に見物（「拝見」）を許す慣例があった。江戸っ子が城内で見物を許された能は、町入能《まちいりのう》と称された。

場所は、江戸城本丸御殿における最大の空間である、大広間付近だ。大広間は諸大名が将軍に拝謁する儀式が執り行われた場所で、近くには大きな庭があり、能舞台が設けられていた。そこで興行される能を、江戸っ子は将軍や大名と一緒に見物できたのである。

この時代、将軍や大名がみずから能を舞うことは珍しくなかった。というよりも、武家の嗜みの一つとみなされていた。大名が将軍や大名を江戸屋敷に迎えて接待する際には、能の観賞がプログラムに組み込まれたくらいだ。そのため、江戸城のみならず諸藩の江戸屋敷にも能舞台が設けられている。

普段は城内に入ることなど許されない江戸っ子にとり、本丸御殿における町入能の見物とは、一生に一度あるかないかのチャンスだった。そんなチャンスを運よく手にした庶民は、江戸城において散々に、羽目を外すことになる。

▼チケットがあれば地方の農民も入城可能

百万都市江戸では、町人の数はゆうに50万人を超えた。さすがにこれだけの町人が江戸城に入れるわけがなく、実際に能を見物できたのは、5000人ほどであった。町入能の興行は午前と午後の部に分けられており、それぞれ2500人ずつ見物したことになる。

江戸は1600ほどの町から構成されたが、見物が許されたのは古町と呼ばれた町である。古町とは、3代将軍家光の時代にあたる寛永期頃には誕生していた町を指す。その数は300町ほどで、主に日本橋や京橋、神田の町だった。町ごとに人数が割り当てられ、人数分の札が渡された。

古町の町人のうち、幕府が町入能の見物を許したのは土地を持っている地主、長屋管理人の家主だけである。町人の過半を占める長屋住まいの店借は、見物できないのが建前であった。

ところが、実際は入場券である札さえ持っていれば、地主や家主でなくても城内で能を見物できた。長屋住まいの店借だけでなく、江戸に住んでいない農民でも札さえあれば見物できた。

幕府もそれを黙認していたようだ。かたいことを言うよりも、将軍の恩恵、つまりは懐の深さが知れ渡ればいいと判断したのだろう。

当時、村の公用で江戸出府中だった鈴木平九郎という人物がいる。武州多摩郡柴崎村(現東京都立川市)で名主を務めており、その日記に町入能を見物した時のことが書き留められている。天保8年(1837)9月4日、12代家慶の将軍宣下に伴う御祝儀として町入能が興行された時のことであった。

古町の地主でも家主でもなかった平九郎が、札をどうやって入手したのかといえば、古町の一つ本船町《ほんふなちょう》(現東京都中央区)の善吉を通して、札(午後の部)を入手している。本船町に割り当てられた入場券を譲り受けることで、平九郎は本船町の町人に化けて江戸城に入れたのである。

▼傘を持って城内へ駆け込む人々

午前の部の能を見物した者たちが下城してきたのは、午後4時頃だった。すでに午後の部の者たちは五つに分かれ、大手門や桔梗門《ききょうもん》、和田倉門などで待機していた。その後、桔梗門に日の丸の扇が上がると、それを合図に各城門から一斉に城内へと駆け込んでいった。江戸城に入れるという気持ちが一気に爆発した光景が浮かび上がってくる。

平九郎によれば、町人たちは袴の左右の股立《ももだち》を腰に高く挟み、肩衣《かたぎぬ》にたすきを掛けるという走りやすい格好をしていた。そして、大手三の門の辺りで受け取った傘を振り回しながら、大広間脇の庭に駆け込んでいったらしい。さながら戦場のようで、警護の武士も道を空けたくらいだったという（『公私日記』立川市教育委員会）。

本来ならば到底許されない行為である。だが、この日ばかりは無礼講ということ

明治時代に描かれた町入能の絵。能舞台周辺に庶民、向かいの建物に大名らが位置する（楊洲周延『旧幕府御大礼之節町人御能拝見之図』東京都立図書館所蔵）

で一切咎められなかった。

各自受け取った傘を持って、能を見物するのが町入能の作法だった。江戸っ子の見物席は能舞台があった庭、つまりは露天であったため、傘で雨に備えさせたのだ。将軍や大名の席は大広間に設けられた。

なお、傘を1本持って見物するのは、町入能がはじまった3代将軍家光以来のこととされる。世継ぎとなる4代家綱が誕生した時、町人に能の見物を許したのが町入能のはじまりだが、その日はたまたま雨が降っていた。

よって、見物の町人たちには傘が渡されたのであり、町入能の時には傘が渡されるのが以後慣例となる。

▼庶民が老中や将軍をはやし立てる

町入能の様子については、15代将軍慶喜の小姓を務めた村山鎮《まもる》が、明治に入ってから次のように回顧している（村山鎮「大奥秘記」『幕末の武家』）。

町人たちは、庭で茣蓙《ござ》を敷いて能がはじまるのを待っている。そこへ、老中や若年寄が能を見物するため、大広間に入ってきた。すると町人たちは、「色男」「じいさん」「若いの」などと、好き勝手なことを言い立てた。

老中・若年寄と言えば、幕府の最高実力者である。本来ならば、そうした言葉を投げかけることなど、とても許されない行為だった。しかし、この日は無礼講なので一切咎められなかった。

能を見物するため城内に入ってきた江戸っ子の格好も興味深い。村山の証言によれば、麻上下《あさがみしも》という礼装ではあったが、その紋所は紙を貼り付けたものだった。あるいは、大森《おおもり》鬘《かつら》を被った者や裃にたすきを掛けた者もいた。江戸っ子は思い思いの礼装で、将軍に敬意を表していたのである。

江戸の町人にとって、将軍とは特別な親しみを感じる存在だった。明治・大正の実業家鹿島萬兵衛《かしままんべえ》の記憶によれば、大広間の上段に将軍がお出ましになって、その前に掛けられていた御簾《みす》が捲き上げられると、見物の町人から「親玉」、「成田屋」という声が掛かったという。これも無礼講の日ということで、お咎めなしである。

将軍の子分を自認していた江戸っ子は、将軍の隠語として、親玉という言葉を使っていた。成田屋というのは、江戸歌舞伎の代表格市川團十郎である。当時、歌舞伎は能よりも大衆的な娯楽で、庶民にはなじみが深かった。彼らは歌舞伎の舞台を見るような気持ちで能を見物していたのだろう。

町入能が終了すると、能舞台に供えてあった鏡餅と錫《すず》製の御神酒《おみき》徳利《とっくり》2本が、見物席に向かって投げられた。町人たちはそれを大騒ぎで奪い合ったという。徳利を拾うと運が開ける、厄除けになると信じていたからである。その後、御祝儀として菓子と酒が各自に与えられた。午後の部の者たちが江戸城から退出した時はすでに夜に入っているということで、翌朝、菓子と酒が下賜されている。

傘は大手門で役人に返却し、町人たちは各町に戻っていく。江戸城から帰ってきた者たちを、町では高張《たかはり》提灯や万燈を灯して迎えた（『江戸の夕栄』中央公論社）。

町入能は、江戸っ子が将軍や大名と一緒に江戸城で能を見物できる貴重な機会であり、普段であれば処罰されてもおかしくないような言動が許された、特別な空間なのであった。

第三章

将軍編——謎に満ちた江戸城

体制内部を厳しく監視した江戸幕府
――目付や御庭番による秘密裏の情報収集

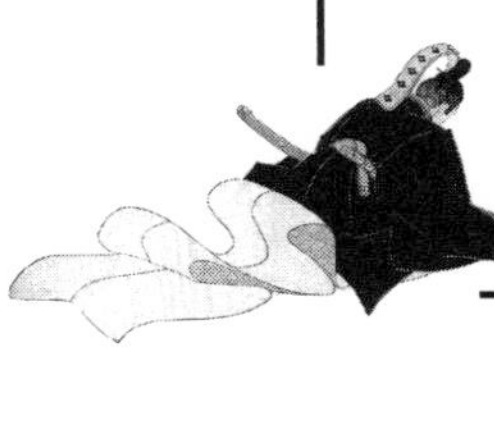

▼徒目付と小人目付は幕府の人事調査部隊

幕府は、隠密裏に情報を収集する組織を持っていた。いわばスパイ活動を行うことで、権力の維持を図った。

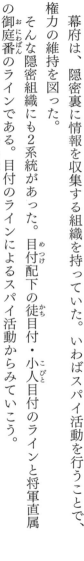

そんな隠密組織にも2系統があった。目付《めつけ》配下の徒《かち》目付・小人《こびと》目付のラインと将軍直属の御庭番《おにわばん》のラインである。目付のラインによるスパイ活動からみていこう。

目付の正式名称は「御目付《おめつけ》」という。「御」という言葉には将軍に代わり役人の行状に

◎目付とは

職務	幕臣の行状や幕府役人の勤務・政務状況の監察。城中での礼法の指揮や将軍の行列の監督も担当	
定員	10人。城内の執務室に本番1人、加番2人が常駐	
禄高	1000石。旗本が就任	
監察手段	配下の御家人をして情報を収集	
配下	徒《かち》目付	城内の宿直、大名登城時の玄関の取り締まり、評定所への出役、幕府役人の執務の調査などを担当。書記官として書面をまとめ、目付に提出する役も担った
	小人《こびと》目付	徒目付指示のもと行政組織の監察や、探索を担う

目を光らせる意味が込められていた。目付は町奉行や勘定奉行のような行政職ではなく、幕臣（旗本や御家人）の行状や幕府役人の勤務状況の監察が、主たる任務だった。

だが、監察対象は勤務状況だけではない。政務の監察にもあたったため、幕府内部では隠然とした影響力を誇った。そのほか、江戸城中での礼法の指揮、将軍が城外に出る時の行列を監督する役目などもあり、幕府の役職のなかでは指折りの激職とされていた。

定員は10人であったため十人目付とも称された。城内の執務室（御目付部屋という）には、本番1人と加番2人の目付が昼夜問わず常駐した。執務室の2階や目付方御用所には部下の徒目付が詰め、目付が上申する意見書の起草などにあたった。

監察職の目付は、幕府役人の人事にも深く関与した。諸役人の人事に関わったのは老中と若年寄だが、その指示を受けて密かに候補者を調査し、探索結果を報告するのは目付の役目とされたからである。

▼隠然とした影響力を持った徒目付と小人目付

幕臣の行状を絶えず監察する仕事柄、人事の参考になる情報はもともと豊富に持っていた目付だが、それにあきたらず、配下の者をしてさらに情報を収集していた。その実働部隊となったのが、徒目付と小人目付だ。学問はできるのか、身持ちはどうか、家の中は収まっているのかなどの行状を逐一調べ上げ、人事の参考資料として提出した。

徒目付や小人目付は、旗本の目付とは違って御家人である。その数は各50人ほどだった。徒目付は100俵5人扶持（組頭は200俵）で、普段は目付指揮のもと城内の宿直、大名登城時の玄関の取り締まり、評定所への出役のほか、幕府役人の執務の調査などにあたっている。

小人目付は徒目付よりも身分が低く、禄高も15俵1人扶持に過ぎなかった。徒目付の指示のもと、町奉行所や勘定所、牢屋敷の見廻りといった監察業務の一方、探索にもあたっており、時には町人に変装して探索することまであった。町奉行所に喩えると、目付は奉行、徒目付は与力、小人目付は同心のようなポジションと言えよう。

こうした小人目付による探索結果を書面にまとめるのが、書記官の顔も合わせ持つ徒目付の役割であった。徒目付が作成した探索書は目付から若年寄に提出され、老中たちによる人事の参考とされた。

つまり、実際に目付の仕事をしていたのは、配下の徒目付や小人目付である。いきおい、両目付は隠然とした影響力を持つことになる。その探索書次第で、人事が決まってしまうからだ。幕府役人たちは、気が気でなかっただろう。

▼重要な行政組織の監察も目付が担当

目付が影響力を持っていたのは、幕臣の人事にとどまらない。役所の監察にもあたっており、特に町奉行や勘定奉行、外国奉行の業務は、目付の厳しい監視下に置かれた。町奉行所の監察にあたった目付（町方掛りと呼ばれた）の場合は、火付盗賊改も監視対象としている。両職は江戸の治安維持という点で、職務が重なっていたためである。目付は町奉行所や火付盗賊改方の与力・同心の勤務状況や風聞を報告し、その人事にも大きな影響を与えた。

たとえば、寛政8年（1796）に南町奉行の坂部広高が西丸留守居に、火付盗賊改の森山孝盛が西丸持弓頭に左遷されたのは、目付が提出した探索書で弾劾されたからだった。坂部は町年寄樽与左衛門との癒着、森山は配下の行状が問題視された。要するに、目付配下の徒目付や小人目付による調査が決め手となったのであった（本間修平「寛政改革期における町方取締りと目付の「町方掛り」について」『法学』42―3）。

なお、同じく旗本が任命される大目付（定員4、5名）は大名の監察にあたったが、町奉行などの要職を務めた者が退任後に就く名誉職のような位置付けであったため、人事への影響力はなかった。

▼御庭番の情報で幕閣の不祥事が発覚

次に御庭番のラインによるスパイ活動をみていこう。

御庭番の起源は8代将軍吉宗が紀州藩主から将軍職を継いだ時、２００人以上の紀州藩士が幕臣団に編入されたことにはじまる。そのうちの17名（家）が御庭番を代々務める家柄と位置付けられたが、後に9家増えて26家となる。

普段、御庭番は江戸城大奥内の広敷向《ひろしきむき》に詰めていた。広敷向は大奥で唯一男性役人が勤務する空間だった。夜は天守台近くの御庭御番所で宿直に就く。火事などが起きた時は、拍子木を打ち異変を知らせた。

徳川吉宗肖像《模本》（東京大学史料編纂所所蔵）

だが、これは表向きの顔で、将軍側近衆のトップである御側御用取次《おそばごようとりつぎ》を介して隠密御用を務めることが本来の役目だった。老中をはじめ幕府役人の風聞に加え、世間の噂をその虚実にかかわらず「風聞書《ふうぶんがき》」として報告することも命じられている。その際には、将軍についての噂を報告する場合もあった。探索御用は江戸にとどまらず、遠国にも及んだ。

将軍は御庭番を使って独自に情報を収集し、幕政に反映させた。役人の不正を弾劾し、その処分を上申することさえあったため、役人にとっては脅威だった。実際、御庭番の情報をもとに、役職を罷免された事例も珍しくない（深井雅海『江戸城御庭番　徳川将軍の耳と目』中公新書）。

一例を挙げよう。御庭番の情報が、幕政の転換を促した事例である。

天明7年（1787）、天明の大飢饉と呼ばれるほどの米不足を背景に、米価が高騰した。これに目を付けた江戸の米屋たちが買い占めや売り惜しみに走り、米価はさらに上昇。米が買えず飢えに苦しむ町人が続出してしまう。

町人たちは事態を放置する幕府の無策ぶりに失望するとともに、買い占めや売り惜しみに走った米屋に恨みを向けた。

そして同年5月20日、天明の打ちこわしと称される大規模な米騒動が、江戸の町で勃発した。怒りが爆発した町人たちは米価を釣り上げた米屋に押し寄せ、その家宅や倉庫を徹底的に破壊したのだ。江戸の治安を預かる町奉行所は何ら対応できず、数日間、江戸の町は無政府状態に陥る。自然と鎮静化するのを待つばかりであった。

時の将軍は、この年の4月に将軍の座に就いたばかりの11代家斉だった。老中をトップとする幕閣は、将軍から責任を追及されることを恐れ、騒動をひた隠しにするが、家斉は江戸の町の異変を、御庭番からの報告で知る。幕閣たちは、家斉の逆鱗に触れることになる。

家斉が幕閣の責任を追及した結果、幕府を牛耳る前老中・田沼意次の息がかかっていた老中たちは次々と退職。そうしたなか、田沼派の老中に代わって幕閣入りしたのが、老中に抜擢された白河藩主・松平定信であった。以後、定信は家斉の信任のもと、寛政改革を断行する運びとなる。

御庭番からの報告が田沼から定信への政権交代を実現させた格好だった。御庭番の活動は人事にとどまらず、幕政にも大きな影響を及ぼしたのである。

江戸時代はアンダーグラウンド　その一七

ダダ漏れする江戸城の極秘情報

——トップシークレットの情報が大奥から外部へ

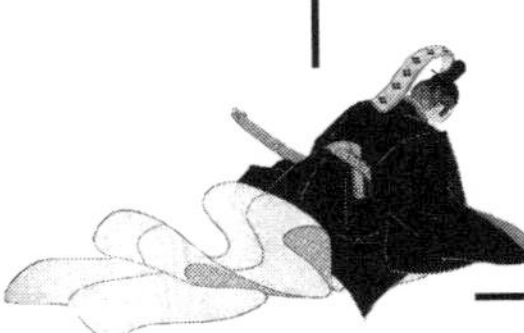

▼奥女中が将軍毒殺の噂を漏らしていた

江戸城、なかでも将軍のプライベートな空間である大奥では、厳しい情報統制が敷かれていた。奥女中として奉公する際に提出が義務付けられた誓詞《せいし》にも、大奥でのことは他言無用という守秘義務の規定が設けられ、書面を出すことも祖父母、兄弟姉妹、伯父伯母、姪、子、孫の親族に限定された。いかに幕府が大奥、つまりは将軍に関する情報の漏洩に神経を尖らせていたかがよくわかる。

だが、その大奥から将軍に関する情報が漏れていたのも、これまた事実だった。将軍に関する情報が外部に流出するルートとしては、何よりも手紙が挙げられる。奥女中が親族（家族）に宛てた手紙が数多く残存するが、大奥内での様子が克明に書かれている場合が少なくない。手紙が検閲された形跡もなく、大奥内の情報は外部にけっこうダダ漏れしていたようだ。

たとえば、大奥に奥女中（役職は使番《つかいばん》）として奉公していた藤波という女性がいる。藤波は文化8年（1811）、武蔵国多摩郡上平井村（現東京都日の出町）に住む八王子千人同心・野口金兵衛の娘として生まれた。大奥での奉公が始まると、実家と頻繁に手紙をやりとりするようになる。時は幕末にあたる13代将軍家定の時代。その家定が安政5年（1858）7月6日に、城内で急死してしまう。

徳川家定肖像《模本》（東京大学史料編纂所所蔵）

折しも将軍継嗣問題をめぐって、幕府内では家定の従弟にあたる紀州藩主・徳川慶福《よしとみ》（後の14代将軍家茂）を推す南紀派と、徳川御三卿の一つである一橋徳川家当主・慶喜を推す一橋派の間で、激しい権力闘争が展開されていた。家定の裁断によって南紀派が勝利し、6月25日に慶福が次期将軍に決まったことが公表されたが、これに不満を持つ一橋派は巻き返しを図る。すると、南紀派の頭目だった大老井伊直弼は家定の意思と称し、一橋派の有力大名たちを処罰した。7月5日のことである。

ところが、その翌日にあたる6日に家定が急死したため、大奥は大騒ぎとなる。家定の慶喜嫌いが南紀派勝利最大の理由であったため、これを恨んだ一橋派が医師を抱き込んで毒を盛ったのではという噂が大奥では広まった。藤波は7日付の実家宛手紙でそのことを伝えているから、死の直後に手紙を送ったのだろう。将軍毒殺の風説が早くも大奥から漏れていたことが確認できる（畑尚子『江戸奥女中物語』講談社現代新書）。

▼大奥勤務の男性役人が女性関係の情報を漏洩

将軍に関する情報は、厳格な情報統制が敷かれたはずの大奥から漏洩していたが、情報を漏らしたのは奥女中だけではない。大奥の広敷向《ひろしきむき》に勤務する事務方役人である広敷役人のルートからも、将軍の情報は漏れていた。

天保12年（1841）閏正月、11代将軍家斉が、69年の生涯を終えた。それから5カ月後の同年6月に、家斉の正室、つまり前御台所《みだいどころ》の広大院付の広敷用人に、旗本の井関親経《いせきちかつね》が任命される。広敷用人とは御台所や将軍の生母、その娘に附属した用人のことで、広敷役人のトップだった。

親経には、井関隆子《たかこ》という義母がいた。亡父の親興が迎えていた後妻であり、親経は彼女と同居していた。大奥の広敷向から屋敷に戻ると、隆子の部屋にやって来て城内で見聞きしたことを話すのが日課であった。そのため、隆子は屋敷に居ながらにして大奥の内部情報を知ることができた。

さらに、親経の子親賢《ちかかた》は将軍家慶の小納戸《こなんど》を務めていた。小納戸とは将軍の身の回りの世話をする役職だ。親賢も下城すると隆子の部屋にやって来て、城内で見聞きしたことや将軍の日常を話すのが日課となっていた。

こうして、隆子は親経や親賢を通じて、老中など幕閣でも知り得ない将軍や大奥に関するトップシークレットの情報を入手していた。そして、ふたりから得た極秘情報を日記に書き留めたのである。

隆子の日記に残された将軍の情報を、2点ほど紹介しよう。最初は12代将軍家慶についての、色好みにまつわる情報だ。

前将軍の家斉は50人以上の子どもを持った将軍として知られるが、実は家慶にしても大勢の側室を持った将軍だった。世継ぎ時代に迎えた正室 楽宮喬子《さざのみやたかこ》ともうけた3人の子どもは夭折したが、側室との間には29人の子どもがいた（楽宮は天保11年（1840）1月に死去）。

そんな家慶が、亡き楽宮の姪にあたる有栖川宮家の精姫《あきひめ》を、江戸城に迎えることになった。自分の養女にするためである。

天保13年（1842）9月、精姫が大奥に入ると、家慶は精姫を歓待する。はじめての養女ということで、家慶は周囲が異様に思うほど精姫のもとに通い、あれこれ世話を焼いた。時に精姫は18才。家慶は50才。ちょうど、親子ぐらいの年の差だった。

あまりの執心ぶりに、家慶が内心、精姫を自分の側室にしたいのではないかという噂が大奥では広まってしまう。話を伝え聞いた隆子も日記で、家慶を好色で知られた『源氏物語』の主役光源氏に見立てている。家慶にも家斉と同じく、大勢の側室がいたことが頭をよぎったのだろう。幕府の正式記録である『徳川実紀』には決して載ることのない、将軍家慶の人柄を伝えるエピソードであった。

将軍家慶に嫁ぐため江戸に向う楽宮一行を描いた絵巻。絵巻の全長は24mに及ぶ（青木正忠『楽宮下向絵巻（部分）』江戸東京博物館所蔵）

次は、家慶の跡を継いで13代将軍となった、家定の正室についてのエピソードである。

家定も父の家慶と同じく、世継ぎの時に正室を迎える。天保12年（1841）5月、関白鷹司政熙《たかつかさまさひろ》の娘任《あつ》子《こ》が大奥に入り、同年11月に婚儀が執り行われた。

任子は6代将軍家宣以来の五摂家出身の御台所となるはずだったが、その日は来なかった。家定が将軍の座に就く前に、この世を去ったからである。嘉永元年（1848）6月、疱瘡《ほうそう》に罹り死去した。享年26才だった。

注目したいのは、任子の出自である。表向きは貴族の娘として家慶と婚礼したことになっているが、隆子の日記を読んでいくと、任子の実父は第119代の光格天皇で、鷹司政熙の養女となって家定の正室に迎えられたという一節が出てくる。『徳川実紀』はもちろん、他の史料には登場しない話である。

その真偽を判断する材料はないが、隆子が井関親経・親賢父子を通じて、幕閣でも知り得ないトップシークレットの情報を入手できた立場にいた以上、眉唾物と簡単に片付けることはできない話なのではないか（深沢秋男『旗本夫人が見た江戸のたそがれ─井関隆子のエスプリ日記』文春新書）。

厳しい情報統制を敷いていた大奥であっても、人の口を完全に封じることは難しかったようだ。

江戸時代はアンダーグラウンド　その一八

不条理すぎる将軍に対するマナー
——顔を上げろと言われて上げると処罰を受ける

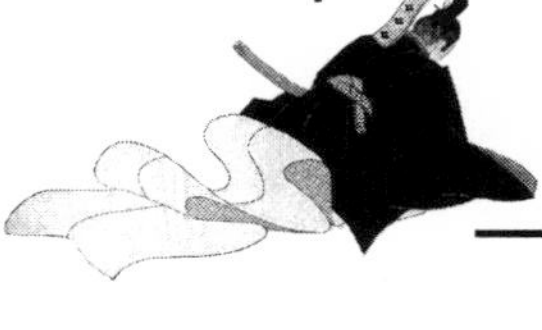

▼江戸城に引かれた葵のカーテン

「余の顔を見忘れたか」。

単身乗り込んだ悪人の屋敷で、松平健演じる将軍徳川吉宗が投げかける決めゼリフである。吉宗の顔を悪人が思い出して恐れ入るという時代劇「暴れん坊将軍」のハイライトシーンだ。「水戸黄門」で言えば、「この紋所が目に入らぬか」と、葵の紋所の印籠を振りかざす場面にあたる。

しかし、将軍の顔を見知っている者など、この時代はほとんどいなかった。当時の日本の総人口約3000万人のうち、1000人ぐらいしかいなかったのではないか。

将軍が住む江戸城の本丸御殿は、「表《おもて》」「中奥《なかおく》」「大奥」の三つの空間から構成された。表は幕府の役人が勤務する政庁空間であるとともに、諸大名が将軍に拝謁する儀礼が執り行われる空間だった。中奥は将軍が日常生活を送る空間で、表が将軍の応接とすれば居間にあたる。将軍やその妻子、大勢の奥女中が住む大奥は将軍の寝所となるだろう。

本丸御殿内における将軍の行動範囲は、中奥と大奥にほぼ限られていた。将軍が表にお出ましになるのは城内で執り行われる儀式、そして諸大名の拝謁を受ける時だけで、合わせても毎月2~3回ほどに過ぎなかった。

中奥は将軍が日常生活を送るとともに政務を取る空間だが、将軍の許可がなければ入れなかった。閣僚である老中でさえ例外ではない。中奥に入れたのは、将軍の側近である側《そば》用人《ようにん》や御側御用取次《おそばごようとりつぎ》などの御側衆、将軍の警護にあたる御小姓《おこしょう》衆、身の回りの世話をする御小納戸《おこなんど》衆、将軍の脈を取る奥医師ぐらいだった。

老中が政務について将軍に上申する時は、自身が中奥にいる将軍の面前に向かうのではなく、中奥に出入りできる御側衆をして案件を取り次がせた。中奥で御側衆からの説明を

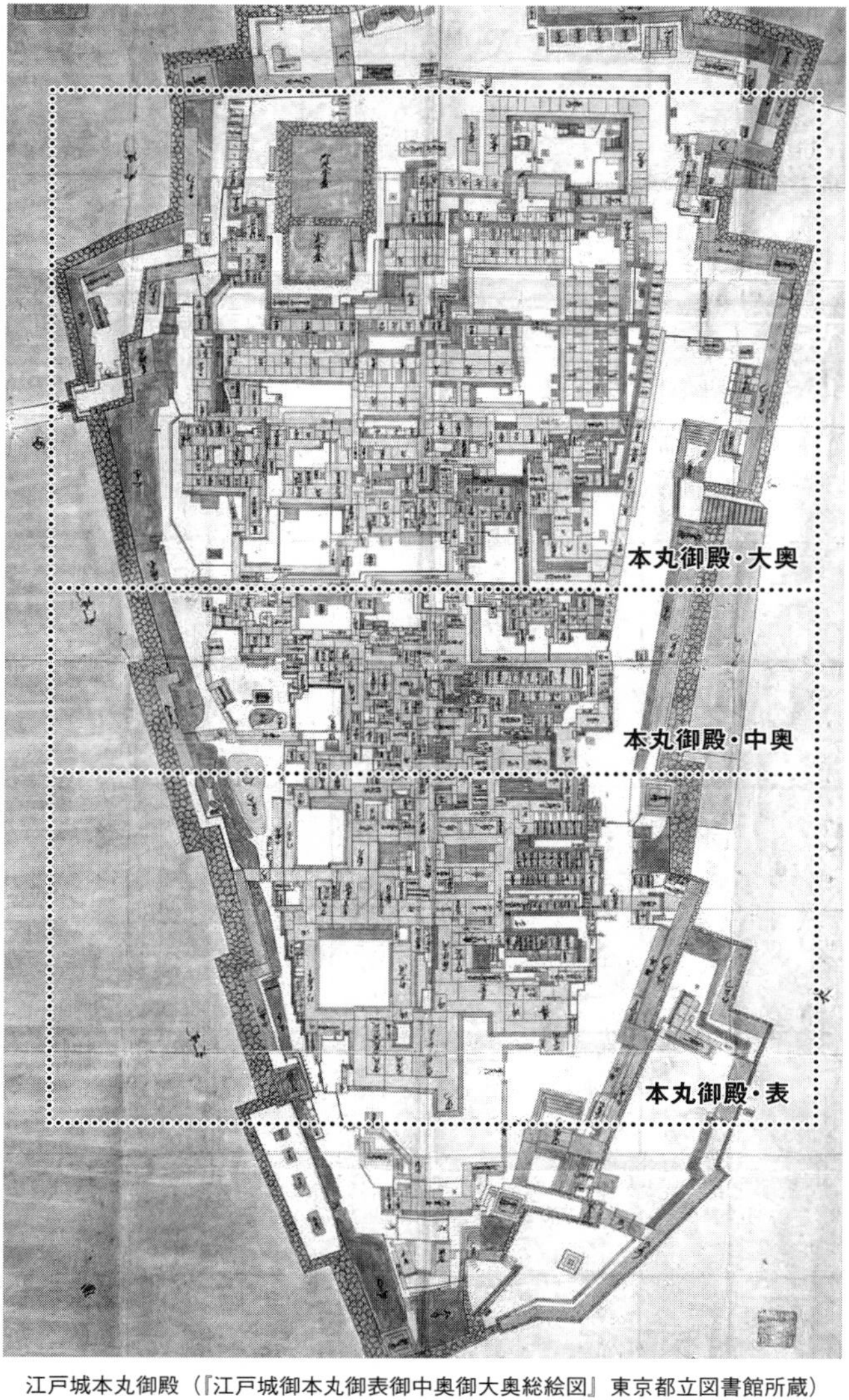

江戸城本丸御殿（『江戸城御本丸御表御中奥御大奥総絵図』東京都立図書館所蔵）

受けると、将軍は何らかの指示を与えたが、老中に直接伝えたのではない。御側衆を表に遣わした。老中が詰める御用部屋に赴かせ、その意を伝言させた。御側衆が表と中奥を行ったり来たりしたのであり、老中でさえ将軍と接触できる機会は皆無と言ってよかった。

将軍と接触できたのは中奥勤務の幕府役人に限られたわけだが、彼ら以上に将軍と身近に接することのできたのが大奥の奥女中たちである。大奥は将軍にとり、まさに家庭であった。日常生活を送る中奥も家庭の一部だが、御側衆と言っても家族ではない。大奥の女性たちの方が、将軍との距離は断然に近かった。将軍の顔を見知っていたのは、むしろ女性の方だった。

中奥勤務の御側衆たち、そして将軍の生活と一体化していた大奥以外、将軍との距離は非常に遠かった。江戸城にはいわば葵のカーテンが引かれ、将軍の存在は深く隠されていたのである。

▼将軍の顔を正視した者は処分

武士は、将軍に拝謁（御目見得《おめみえ》）できるか否かでランク付けされていた。御目見得を許される武士は大名と旗本であり、同じ幕臣でも御家人はお目通りできなかった。そのため、旗本が御目見得以上、御家人は御目見得以下とも呼ばれる。

しかし、拝謁できると言っても将軍の顔を直接見ることは許されず、同じ空間を共有していたに過ぎなかった。

広島藩浅野家最後の藩主浅野茂勲《しげこと》（明治に入り、長勲《ながこと》と改名）は、宮中で明治天皇に拝謁した時の様子と対比して、江戸城で将軍に拝謁した時のことを次のように証言している。

宮中で天皇に拝謁する際は、御顔を拝することができたのに対し、江戸城で将軍に拝謁する時、御顔を拝することは許されなかった。お辞儀をして、そのまま座を下がるだけだった。

こうした武家の礼法が大成されたのは、室町時代においてである。それを江戸幕府も踏襲した。殿中での作法は言うまでもなく、挨拶の仕方から手紙の書き方（書札礼《しょさつれい》）まで、武士が心得ておくべき礼法が、こと細かく規定されていた。身分や格式がその基準であり、江戸城での年中儀礼に参列する際の座席も服装も、同じく身分や格式により細かく規定された。こうした殿中儀礼の指南役こそ、吉良上野介《きらこうずけのすけ》に象徴される高家《こうけ》の職務である。

将軍謁見に関係する礼法としては、座ったままの状態で行う座礼という作法があった。真《しん》・行《ぎょう》・草《そう》の3ランクからなる礼法で、以下のような内容である。

・真の礼：両手を組み合わせて畳に鼻が付くぐらいの感じで頭を下げるもので、貴人に対する礼とされた。

・行の礼：両手を合わせるぐらいの感じで、真の礼に比べれば少し頭を上げるもの。これは同輩への礼。

・草の礼：両手を少し離して手を付き、頭を少し下げるもので、下輩への礼だった。

将軍に拝謁する時、「面を上げよ」という言葉が掛けられるシーンは時代劇でもお馴染みである。この言葉が掛けられると、平伏する姿から一転顔を上げ、将軍の顔を正視することになるが、実際には有り得ないシーンだった。

将軍への拝謁は、真の礼を取らなければならない。つまり、大名であっても将軍の顔を正視などできなかった。「面を上げよ」と声が掛かっても、恐れ入って顔が上げられない振りをするのだ。「近う進め」との声にも、恐れ入って膝を動かすだけというのがお約束だった。

もし、顔を上げてしまったらどうなるのか。敬意を失している、つまり不敬であるとして厳しい処分が待っていた。

一例を示そう。御前講釈という行事がある。学問に秀でた武士や学者が将軍の前で何らかのテーマのもと講義をするものだが、将軍の顔を仰ぎ見ることなく平伏したまま講義するのが暗黙の前提だった。

ところが、旗本の大谷木《おおやぎ》醇堂《じゅんどう》という人物は御前講釈の時、将軍の顔をじっくり見ながら講義をしてしまったという。そのため、不敬な行為であるとして厳しく叱責されている(野口武彦『幕末の毒舌家』中央公論新社)。

こうした現実を踏まえると、将軍の顔を見知っていたのは以下に限られるだろう。

・大名では徳川御三家などの親族大名
・幕臣では、将軍の側近く仕える中奥勤務の御側衆たち
・大奥に勤務していた奥女中

そのため、将軍の顔を見知っている者は1000人ぐらいに過ぎないのである。

なお当然ながら、奥女中だからと言ってだれでも将軍の顔を見られたわけではない。奥女中も幕臣のように、御目見得以上と御目見得以下に分けられていた。将軍に拝謁できる御目見得以上の奥女中は御目見得以下の奥女中よりもかなり少なかったため、奥女中が1000人近くいても将軍の顔を見知っている者は100人ぐらいしかなかっただろう。

江戸城と接触のない庶民なら、なおさら将軍の顔を拝む機会はなかった。年に数回ほど将軍が城外に出ることはあったが、その折も、沿道の人々は将軍の顔を見ることは許されなかった。そもそも、駕籠に乗っている上に、将軍の行列が通り過ぎるまで土下座することが義務付けられていた。一般庶民で将軍の顔を見知っている者など存在しなかったはずだ。

将軍の顔を見知っている者などほとんどいなかった以上、吉宗が悪人に向かって「余の顔を見忘れたか」という決めゼリフを投げかける場面は、そもそも成り立たないのである。

江戸時代はアンダーグラウンド　その一九

将軍の死に幕府がピリピリした理由

——後継者争いや霊廟争奪戦の幕開け

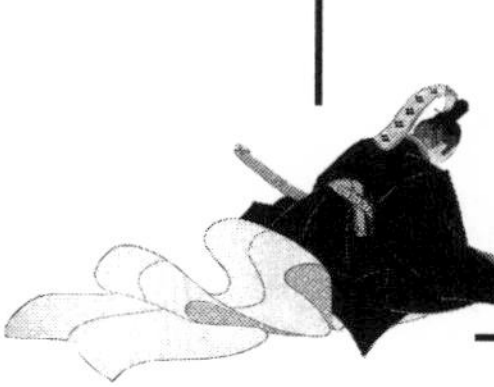

▼将軍の死が公表されるのは1カ月後

洋の東西を問わず、国家最高権力者が死去した場合、その死がすぐ公表されることは稀だった。時間差を置いて公表されるのが常である。後継者が決まっていない場合はなおさらだ。

そうした事情は将軍の場合もまったく同じだった。実際に死没した日と発表された死没日は1カ月ぐらい違っているのが普通である。

幕末の事例を紹介しよう。嘉永6年（1853）6月3日、アメリカ東インド艦隊司令長官ペリーが軍艦4隻を率いて、浦賀沖に姿を現した。開国を求めるフィルモア大統領の親書の受理を迫って、江戸湾に進む姿勢を見せたため、ほとんど無防備状態だった江戸城下は大混乱に陥る。

ペリー来航は江戸の町を大混乱に陥れるが、その頃江戸城内でも変事が起きていた。浦賀沖にその姿を現したペリーは、6月9日に浦賀近くの久里浜に上陸してフィルモア大統領の親書を幕府に受理させた後、12日になって浦賀沖を去る。幕府は安堵するが、その直後の6月22日に、江戸城を激震が襲う。12代将軍家慶が死去したのである。

ところが、家慶の死没日は7月22日と公式発表されている。幕府編纂の史書である『続徳川実紀』でも、その日が命日とされている。それまでの1カ月間、家慶は存命していることになっていた。

このズレは、家慶だけに当てはまることではない。家慶の父で11代将軍家斉の死没日も、実際は天保12年（1841）閏1月7日だったが、『続徳川実紀』では同晦日と明記されている。

なぜ、約1カ月も違っていたのか。

嘉永7年（1854）、前年の開国要求の返事を聞くために横浜にやってきた黒船

一つには、跡継ぎをめぐる争いを危惧したからである。家慶には家定という跡継ぎ（世子《せいし》）がいたが、跡継ぎを決めずに死去すれば、当然ながら後継争いが勃発する。後継者争いを表に出さないためにも、跡継ぎが決定するまでは将軍の死を公表できなかった。

家慶の場合、跡継ぎは決まっていたものの、そもそも将軍不在の状況が表沙汰となれば、どうしても社会の動揺を避けられなかった。表沙汰になる前に、将軍職就任に伴う諸々の準備や体制を整えておかなければならない。そのためには、相応の時間が必要だった。

もう一つは、葬儀の準備のためである。国を代表する立場の将軍となれば、その葬儀は幕府挙げての国家的行事となる。準備だけでも大変だったことは想像するにたやすい。

同時に霊廟と称される墓所も決めなければならない。将軍の場合は寛永寺あるいは増上寺に墓所が造られたが、家慶は増上寺に葬られている。埋葬されるのは、死が公表されてから20日後ほど経過してからである。

家慶の死が公表されたことで、家定の将軍就任もようやく政治日程にのぼる。11月23日、家定は13代将軍の座に就いた。

だが、それから2カ月も立たないうちに、ペリー率いる艦隊が江戸湾に再び来航し、幕府は開国を余儀なくされる。外圧に屈した幕府の権威低下は避けられず、13年後には滅亡してしまう。

▼将軍の死により制限される生活

将軍の死は、江戸の町に限らず全国の人々の生活を大きく規定した。社会全体が喪に服することを求められたからだが、どのような形で人々は喪に服したのか。

武士については、諸大名や幕臣たちが頭の月代《さかやき》を剃ることを禁じられた。見た目がたいへん悪いが、将軍の喪に服するため月代を剃れなかったのだ。その期間は1～3週間以上にも及んだ。

歌舞音曲《かぶおんきょく》や普請作業など音を立てることも、1カ月前後禁じられた。これを鳴物停止《なりものちょうじ》と称した。この規制は全国に及んだが、期間はまちまちだった。当然ながら江戸の町が一番長かったが、藩領の場合、期間の設定は各藩の判断に任せられた。

風呂屋など火を使う商売も、一斉に営業禁止となる。料理屋なども営業できなかった。将軍の喪に服するため諸事慎むことが社会全体に求められた。一言で言うと、自粛せよというわけである。

こうした生活規制を通じて、江戸の人々は将軍の存在を再認識させられた。

▼将軍霊廟をめぐる増上寺と寛永寺の争奪戦

将軍の死は江戸の社会に大きな影響を与えたが、その情報にだれよりも関心を持っていたのは、将軍を檀家とする増上寺・寛永寺の2寺だったことは、あまり知られていないかもしれない。

日光山に葬られた初代将軍家康・3代将軍家光、谷中墓地（霊園）に葬られた15代将軍慶喜は別として、将軍は寛永寺（天台宗）と増上寺（浄土宗）のどちらかに葬られることになっていたが、両寺院にとり将軍の墓所、つまり霊廟を建立できるかどうかは大問題だった。霊廟が建立されることで、寺院経営上、大きなメリットが約束されるからである。

徳川家の宗旨は浄土宗である。家康は日光山に葬られて「神君」となったが、息子の2代将軍秀忠は芝の増上寺で葬儀が執り行われた。家康の遺言により、増上寺が将軍の菩提寺に指定されていたからである。そして、霊廟も設けられた。以後の将軍も増上寺で葬儀を執り行い、霊廟が建立されるはずだった。

ところが、秀忠の跡を継いだ家光は死に臨み、増上寺ではなく上野の寛永寺で葬儀を執り行うよう遺言した。深く帰依していた天台宗の僧侶天海のために造った寺院が寛永寺であった。

葬儀の後、家光は祖父家康が眠る日光山に葬られたが、家光の霊廟は寛永寺にも建立された。増上寺ではなかった。家光の子である4代将軍家綱、5代将軍綱吉も、父と同じく寛永寺で葬儀が行われ、霊廟が建立された。

こうした動きに、当然ながら増上寺は危機感を募らせる。幕府に対して、霊廟を自院にという運動を猛烈に展開した。その結果、6代将軍家宣の時は増上寺で葬儀が執り行われ、霊廟も建立された。7代将軍家継も同様である。

◎各将軍の霊廟

増上寺	寛永寺	その他
秀忠【2代】	家光【3代】※埋葬場所は日光	家康【初代】(日光東照宮)
家宣【6代】	家綱【4代】	家光【3代】(日光の輪王寺)
家継【7代】	綱吉【5代】	慶喜【15代】(谷中霊園)
家重【9代】	吉宗【8代】	
家慶【12代】	家治【10代】	
家茂【14代】	家斉【11代】	
	家定【13代】	

となると、今度は寛永寺が巻き返しを図るのは自然の流れだった。吉宗自身の意思もあり、その霊廟は寛永寺に建立されたが、以後の将軍については両寺のメンツを立てる形で、交互に霊廟を建立することで一応の決着をみる(浦井正明『もうひとつの徳川物語』誠文堂新光社)。

だが、必ずしも順番が守られたわけではない。11代将軍家斉は順番から言うと、増上寺のはずだったが、蓋をあけてみると寛永寺であった。寛永寺による大奥への働きかけが功を奏したようだ。将軍の生活と一体化していた大奥の意思が決め手となる。

増上寺と寛永寺が霊廟をめぐって激しい争奪戦を繰り広げたのは、すでに述べたとおり、霊廟を建立できれば寺院経営に大きなメリットが約束されていたからである。

葬儀の際には諸大名は香典を包む。家宣が死去した時の香典料を見ると、60万石以上の大名は白銀30枚、25万石~59万石以上の大名は20枚ずつ包むことになっていた。幕府の方から諸大名に額を指定したが、これだけで相当の金額にのぼった。

さらに、以後毎年の祥月《しょうつき》命日には当代将軍が参詣したが、当日霊廟に詣でるのは将軍だけではない。江戸にいる大名は詣でることが求められたが、その際にも将軍や諸大名は相応の金品を包んだ。

このように、将軍の霊廟が建立されると莫大なお金が落ち続けるため、寛永寺と増上寺は将軍の死に並々ならない関心を持っていた。こうして、両寺院は霊廟の争奪戦に走るのであった。

江戸時代はアンダーグラウンド　その二〇

葵の紋所を利用する詐欺師や寺院

——将軍の威光を傷つけたとして死刑になった者も

▼葵の紋所の絶大な威力

江戸時代、徳川将軍のシンボルである葵の紋所の威力は、現代の感覚では想像できないほどのものであった。よく知られているように、水戸黄門でのクライマックスシーンでは、葵の紋所の印籠の前に悪人たちはひれ伏す。脚色されたテレビや映画の世界だけの光景に見えるかもしれないが、実はそうではなかった。

たとえば、将軍への献上茶を入れた御茶壺道中の行列に、沿道の人々は土下座を強制さ

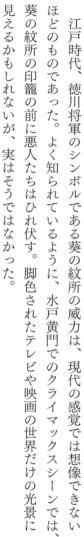

葵紋入りの調度品。紀州徳川家10代治宝の娘・豊姫所用と伝わる（『竹菱葵紋散蒔絵目録箱』出典：ColBase ／東京国立博物館所蔵）

れた。御茶壺を収納する長持に付けられている葵の紋所に対して、最大の敬意を払うよう求められていたからだ。葵の紋所の印籠にひれ伏すシーンは、決して虚構の世界だけの話ではなかった。

だが、これだけ葵の紋所の威力が絶大となると、利用あるいは悪用しようという動きが出てくるのは、どうしても避けられない。よって、幕府はこれを危険視し、その使用に厳しい制限を加えるようになる。

5代将軍綱吉が将軍の座に就いた頃の話である。天和3年（1683）9月に、幕府は江戸城への物資納入を請け負う御用達商人が、物資を入れた長持などに葵の紋を入れることを禁止する。以後は「御用」という文字のみ記すよう命じた。

江戸城（将軍家）御用達の立場からすると、江戸城に出入りしていることを看板に店の信用価値を高め、経営規模を拡大したいところであったが、江戸城の御用を務めるからといって、葵の紋所が商人にまで気安く使われては、将軍の御威光は損なわれてしまう。

そんな懸念から、幕府は葵の紋所の使用に歯止めをかけようとしたのである。そして、葵の紋所を悪用する事例に対しては断固たる態度で臨む。

▼葵の紋所を悪用する者は斬首に

7代将軍家継の時の事例を紹介しよう。

正徳3年（1713）5月に、上総国の神主の息子で小兵衛という者が召し捕らえられた。この男は武田掃部助《かもんのすけ》と名乗って巡礼姿になり、お遍路さんのように諸国を回ったが、その際に詐欺を行っていた。

諸国を行脚する僧侶や修験者は、背中に笈《おい》と呼ばれる箱を背負って歩きまわるのが習いだった。その箱には仏具や衣服・食器などが収納されたが、掃部助が背負う笈には初代家康から6代家宣までの歴代将軍の贈位・諱《いみな》・命日、そして大老・老中・若年寄など幕閣のお歴々の名前が記されていた。

掃部助こと小兵衛は将軍や幕閣の名前の上に葵の紋所を捺し、行く先々で、その葵の紋所を見せて拝礼を促し、寄進を勧めた。自分が将軍ゆかりの者であるかのように思わせることで、スムーズに寄進させようと狙った。こうした葵の紋所に便乗した詐欺行為が露見したため、御縄になったのだ。

次の8代吉宗の時代にも同様の事件が起きている。

享保7年（1722）12月に召し捕らえられた山名左内という浪人は、衣類に葵の紋を縫い付け、詐欺行為を働いていた。武田掃部助と同じく、自分が将軍ゆかりの者であるかのように思わせることで、金品を寄進させた。幕府は厳罰をもってこれに臨み、左内は斬首に処せられた。一罰百戒、見せしめの処刑だった。

翌8年（1723）2月には、幕府の許可なく葵の紋所が入った衣類を着用することや、道具類に葵の紋所を付けることが禁止された。葵の紋所に便乗した詐欺行為を封じ込めたい幕府の強い意思の表れに他ならない。

葵の紋所をめぐる一連の事件は、将軍の威光がそれだけ一般に浸透していたということの証明でもあった。

▼葵の紋所の権威に便乗する寺院

綱吉の頃より、幕府は葵の紋所を利用あるいは悪用しようという動きを封じ込めることに躍起となるが、いたちごっこの繰り返しというのが実情だった。その動きを根絶することは結局できなかった。

それに、葵の紋所を利用しようとした者は御用達だけではない。寺院も葵の紋所を利用することで、寺勢の拡大につなげようと目論む。

江戸時代は、将軍が参詣するとその寺院の知名度は急上昇し、参詣者が大挙押し寄せるという光景が各所でみられた。有名人やタレントが参詣すると参詣者が増える現代の光景とまったく同じだが、将軍が参詣することなど、大半の寺院にとっては夢のまた夢であった。

そこで将軍の権威に便乗したい寺院が狙ったのが、葵の紋所が入った品の寄進を受けることである。葵の紋所入りの品が寄進されれば、いわば将軍から帰依を受けている証明書を交付されたようなものだった。

よって、寄進を受けた寺院はその事実を江戸の社会に向けてアピールし、参詣者数のアップを図ろうとしている。自院で執り行う仏事や開帳などの行事の際に公開展示することで関心を呼び起こし、大勢の参詣者を呼び込もうと目論んだ。その結果、御賽銭《おさいせん》や奉納金など多額の浄財が手に入れば経営基盤の強化も実現できるというわけである。

具体的には、仏事や開帳の時に用いる幕、仏像の前に掛けられる戸張《とばり》や水引《みずひき》などの装飾品、本尊に着用させる袈裟や衣などの寄進を受けている。

こうした葵の紋所入りの品はいったいだれから寄進されたのか。葵の紋所イコール将軍のイメージが強かったことから、将軍本人から寄進されたと思われがちだが、そうではない。大奥から寄進されたものが大半だった。

大奥には将軍の妻子が住んでおり、いわば将軍の家庭であった。そのため、大奥から寄進されるとなれば、葵の紋所が入った品が届けられるのである。御台所のほか、将軍の側室からも寄進されたが、具体的には以下のような流れで寄進されている。

御台所や側室の側近く仕える奥女中のうち、だれか一人とでも接点を持ち、かつ篤信《とくしん》を得ることができれば、大奥への足掛かりが得られた。その奥女中を窓口に主人である御台所や側室が帰依すれば、葵の紋所入りの品の寄進が期待できた。

そのため、奥女中が参詣して来ると、寺院挙げての至れり尽くせりの接待が展開される。現在も東京や近郊の寺院に残されている葵の紋所入りの品の大半は、こうした営業努力の賜物だった。しかし、その数があまりにも多かったため、幕府内で問題視されて幕閣の評議で取り上げられるほどの問題になってしまう。

幕府側からすると、葵の紋所入りの品が出回り過ぎると、将軍というブランドの価値が下がり兼ねない。希少価値であるからこそ、ありがたみが出て将軍の威厳も保たれる。

そこで寺院の監督官庁である寺社奉行所は、葵の紋所入りの品の寄進、さらにはその公開展示に制限を加えようとする。吉宗の治世も終わろうとしていた延享元年（１７４４）に、葵の紋所が入った幕を開帳や供養などの際に用いることが禁止された。現代風に言うと、ブランド価値の低下を防ごうとした。

しかし、この種の指令は繰り返し出されたものの、結局のところ効果はなかった。その一番の理由は、寺院の経営基盤を揺るがし兼ねない方針だったことである。葵の御紋入りの品を寄進してもらうため、寺院が多額の運動費を投入していたことは想像に難くないが、寄進を受けても展示できないとなれば宝の持ち腐れだ。投資した資金も回収できず、経営が大打撃を受けることは火を見るよりも明らかであった。

よって、寺院は大奥を通じて寺社奉行所に圧力を掛ける。その結果、規制対象外として公開展示を認めさせ、さらなる寄進も実現させている。

こうして、葵の紋所入りの品は引き続き大奥から寄進され、公開展示され続けたのである。

第四章　大名編——御家安泰の裏側

江戸時代はアンダーグラウンド　その二

グレーゾーンだらけの家督相続
――お家存続のためにルールを曲げる幕府と藩

▼出生届は10年以上経ってから後出しも可

役所に届け出た生年月日と本当の生年月日が違う、という人はめったにいないだろう。そんなことをすれば、病院はカルテ改ざんの罪に問われる。

だが、江戸時代の大名の場合、幕府に提出した公的な文書と、大名家の内部に残された文書で、生年月日にズレが生じることは珍しくなかった。むろん、正しいのは大名家に残された文書である。諸藩は幕府に、嘘の文書を提出していた。幕府側も嘘だとわかってい

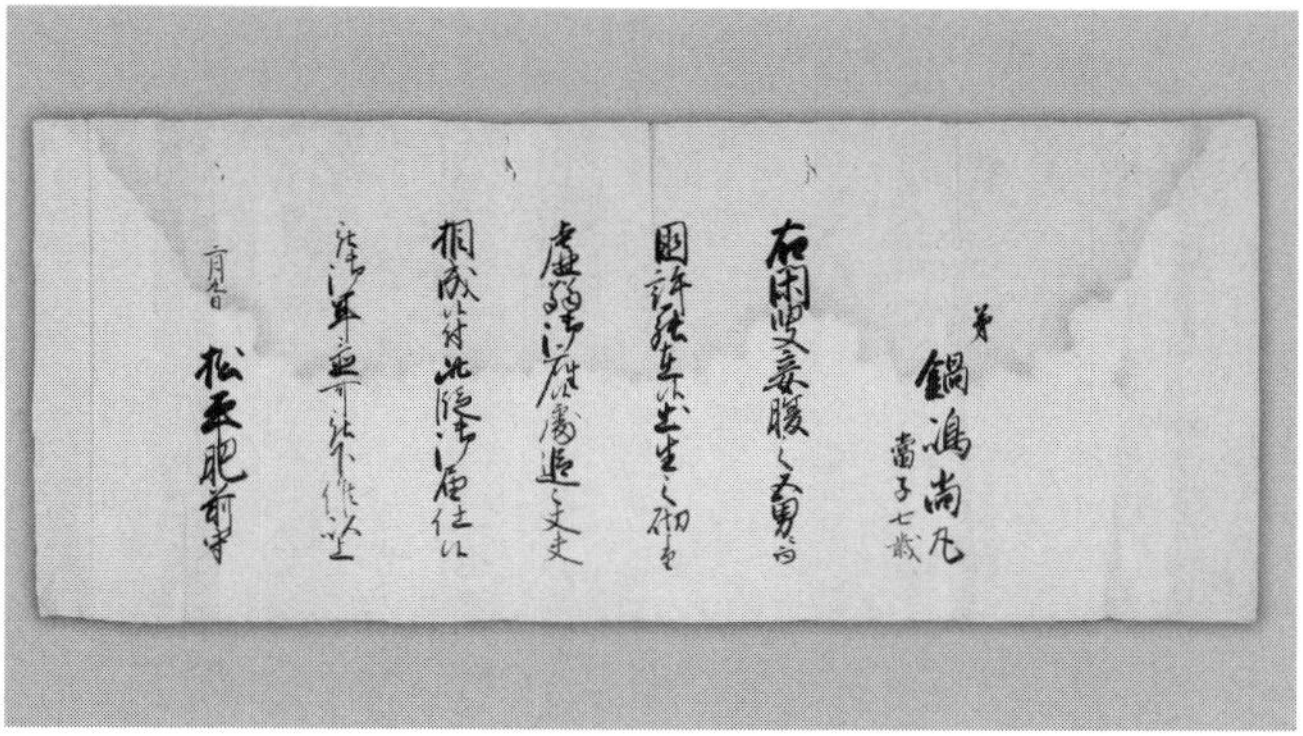

佐賀藩主の鍋島肥前守が文久４年（1864）に提出した、弟尚丸の丈夫届。尚丸は先代藩主の妾腹の五男（国立公文書館所蔵）

ながら、黙認していたかたちである。そんなグレーなやりとりがまかり通ったのは、生年月日がお家存続に、大きく影響したからである。

大名の家督相続には、幕府の許可が必要だった。隠居した大名が相続願を出す、というのが基本である。相続者は血縁者でも養子でも問題はない。

ただし、跡継ぎが家督相続を認められるためには、あらかじめ別の届を出しておく必要があった。出生届である。出生の事実を幕府に届け出なければ、家督相続の資格はなく、他の大名や旗本の養子となる資格もなかった。

本来、大名側は幕府に子どもの出生を届け出る義務はなかったが、自家や他家を相続するには出生届が不可欠であった。よって、嫡男となる予定の子どもたちの出生届は幕府に出されるのが普通だったが、正室以外の女性と儲けた庶出の男子の場合、出生届は提出されないことが少なくなかった。

もっとも、庶子の家督相続が現実味を増せば、幕府の許可を得るために、出生届の提出も必要になる。その場合は、出生から10年前後経過した後、「丈夫届《じょうぶとどけ》」という形で出生の事実を届け出る方法が取られた。「出生時は虚弱であり届け出るのを差し控えていたが、丈夫に成長したので改めて届け出る」という文言が決まり文句だった。

大名の子女で夭折する者が多かったのは、事実である。そんな生育環境を踏まえた文言でもあり、本当に虚弱だったのかもしれないが、多くは届け出が遅れた理由付けに過ぎなかった。

▼丈夫届による年齢操作

跡継ぎとする場合は、その後改めて「嫡子願」を提出し、幕府から跡継ぎとして認定される必要があった。当人が10才くらいまでに丈夫届は提出されたが、10才を過ぎた事例、20才過ぎの事例まであった。特に年齢制限はなく、大名側の事情で届け出る時期が決まった。

出生から10年前後のタイムラグを経て提出される「丈夫届」では、出生の年が記されることになっていたが、記載内容は必ずしも事実とは限らない。というよりも、年齢操作が行われることが普通だった。出生の年を実際よりも数年早くすることで、実年齢よりも数才引き上げたのである。

これには、家督相続をめぐる幕府の立場が影響していた。大名及び旗本が17才未満で早世した場合、幕府は原則として相続（養子）を認めない立場を取っていた。そこで諸藩は、子どもの届け出上の年齢を17才に近付けておくことで、跡継ぎを指名できる年齢にできるだけ早く到達させようとしたわけだ。御家断絶を防ぐための苦肉の策だった。

丈夫届を隠れ蓑として年齢操作を行っていた藩側に対し、幕府はそ知らぬ顔で丈夫届を受理した。要するに、大名の年齢操作に手を貸した。出生届についても、生年月日を実際よりも早めて届け出ることもあっただろう。この場合も幕府はそ知らぬ顔で受理したはずだ。大名の改易を望まない幕府の思惑が確認できる。まさに「武士の情け」に他ならなかった（大森映子『お家相続』角川選書）。

▼日常化していた死没日の操作

出生日だけでなく藩主の死没日も、お家存続のために操作された。

17世紀後半以降、跡継ぎのいない大名でも、臨終の際に急養子の願書を提出できるようになる。急養子の願書を認める際には、幕府役人の立ち会いが義務付けられた。これを「判元見届《はんもとみとどけ》」と称した。諸大名の監察を職掌とする大目付が、その場に立ち会って見届けることになっていた。大目付は旗本から選任された役職で、格式は高かった。

急養子の願書には病状の経過とともに、幕府に仕える医師の治療を受けた旨が書き連ねられるのが定番だった。藩側が、幕府に対して証人の役目を期待したことが窺える。医師の診断・投薬の状況が述べられた後、快復は困難であるとして急養子を許可して欲しいと願う筋立てとなっていた。

願書には、合わせて関係書類も添えられた。容態書、治療や投薬にあたった医師たちの名前の書上、病床で急願書の作成に立ち会った親族の大名や旗本の名前の書上などである。

養子の願書を提出する場合、大名当人が印判のほか花押《かおう》を据えるのが決まりだった。文章や名前は代筆で済んだものの、花押だけは自筆で据えなければならなかった。

◎急養子の概要

急養子とは（末期養子）	跡継ぎのいない大名が臨終の際に養子をとること。17 世紀以降、幕府が臨終時に急養子の願書提出を許可
願書の内容	病状の経過や医師の診断などを書き、急養子をとる必要があることを説明。容態書や医師の名前、願書作成に立ち会った親類大名らの名前を書いた関係書類も添えて提出
幕府の立会人	諸大名の監察を担う大目付（旗本）が立ち会うことが義務。判元見届と称された
願書の花押	養子の願書の場合、大名は自筆で花押を添えなければならなかったが、急養子の場合は省略可能

ところが、急養子の願書の場合は花押の省略が可能であり、「重病で手が震えるため花押を省いて印判を用いた」という旨の断り書きが自身の名前の横に付けられた。その断り書きは代筆だった。臨終の際であり、病のため手が震えて花押が据えられないのは当然という考え方が背景にあったが、幕府もそれを認めたことは、重要である。

要するに、自筆の花押を据える必要がなければ、当人の死後でも当人の意思と称して急養子の願書を大名側が作成できる。そのことを幕府もわかっていた。

実際のところ、急養子の願書が作成される前に、出願者たる当人はすでに死去していた事例が大半だった。それは親族や医者たちだけでなく、判元見届役の大目付つまり幕府も承知の上のことであった。

当人の死後に作成された急養子の願書が幕府に受理されると、早ければ当日中、遅くとも数日のうちに死亡届を幕府に提出するのが習いである。よって、実際の死没日と幕府に届け出た死没日は、10日ほどずれるのが通例だった。願書が幕府に受理されるまでは、当主はあくまで存命の形が取られたのだ。当人でなければ、跡継ぎへの家督相続を出願できないからである。

存命の形を取らせた背景には、大名の改易を望まない幕府の思惑があった。

幕府としては当人の意思が絶対だったが、急養子の願書を受理しなければ跡継ぎがいない以上、当の大名家には改易、御家断絶の処分を下さなければならない。その事態を防ぐため、幕府はそ知らぬ顔をして大名側に出願の猶予を与えていた。

幕府も大名側も一種の共犯関係にあったわけだが、幕府からすると、これもまた「武士の情け」に他ならなかった。

▼参勤交代中の家督相続

幕府から跡継ぎとして認定された嫡子（嫡男）がいても、大名の死去後に家督相続をするとなると、すべての手続きが終わるには2～3カ月を要した。諸藩が恐れたのは、その間に跡継ぎが死去する事態である。家督相続前に跡継ぎが死去すると、続けて跡継ぎを立てられない決まりとなっており、改易の運命からは逃れられない。よって、大名側としては大名の存命中に家督相続が許可されることが望ましかった。当主不在の状況を避けようとしたわけだ。

以下は、参勤交代中に起きた家督相続の事例である。

9代将軍家重の時代にあたる寛延2年（1749）は、肥前島原藩の江戸参勤の年であった。同年4月28日に藩主松平忠刻《ただとき》を奉じた行列は、島原城を出立する。

島原藩にとってこの旅には、大きな問題があった。忠刻の持病の、痔である。駕籠での長旅を強いられることは、持病を抱える忠刻にとってこの上ない苦痛だった。しかも、出立直前には足に水腫ができてしまう。こんな状態で出立しては、旅先で病状が悪化するのは火を見るよりも明らかだった。

参勤前に治療が施されたが、結局は治り切らないうちに、出立の日がやってくる。果たせるかな、道中を進み続けるにつれて、足の腫れが悪化。ついに、周防国下松で駕籠に乗れないほど症状がひどくなる。止むなく、忠刻は下松で養生することになり、すぐさま急使が江戸藩邸に向けて立てられた。

報せを受けた島原藩江戸藩邸では、5月16日に留守居役・田中伴右衛門が、老中本多正珍《まさよし》のもとを訪問。藩主の病状悪化のため、下松での逗留を余儀なくされた旨の届書を提出した。翌17日には、忠刻の主治医だった幕府の医師伴正山を江戸から派遣することを、願い出ている。

その後、事態は急変する。18日夜、嫡男忠祇《ただまさ》への家督相続願を携えた飛脚が、江戸藩邸に到着した。江戸に向かう島原藩の行列が、忠刻の危篤を理由に、家督相続を願い出ようとした格好だ。すでに4年前、幕府は島原藩からの申請を受け、忠祇を島原藩の跡継ぎ、つまり藩主の嫡男として認めていた。

ただし、江戸藩邸に到着した飛脚がもたらしたのは、家督相続願だけではなかった。忠刻の病死を報せる手紙も、携えていた。5月10日に逗留先の下松で、忠刻は死去していたのである。享年34才だった。

島原藩は藩主忠刻の死を隠して、19日に家督相続願を提出。留守居役の田中が老中の本多に提出した願書は受理され、家督相続は認められた。島原藩としては忠刻の死を届け出る前に、何としても忠秖への相続を幕府に認めさせたかったのだ。その後、田中は忠刻の死亡届を本多宛に提出し、同じく受理された。

本多にしても、島原藩の裏事情は承知の上で届け出を受理していた。知らぬ顔をして、無事に家督相続が完了するよう対応したのである。大名の改易という、両者にとってデメリットのある事態を避けようとしたわけだ。ここに、島原藩は忠刻から嫡男忠秖へと代替りとなる。なお、江戸から下松に向かった医師伴正山は忠刻の死を受け、途中で江戸に引き返している。

ただ、改易は避けられたものの、急な家督相続は島原藩に打撃も与えた。

島原藩は、福岡・佐賀藩を補佐して長崎防衛の任にあたる役目を、幕府から課されていた。だが、藩主となった忠秖はまだ15才と若年で心もとないとして、下野国宇都宮への転封を命じられる。これにより、手間も金もかかる大作業を強いられることとなった（安藤優一郎『参勤交代の真相』徳間文庫カレッジ）。

混沌としていた国替えの現場
――藩の指示が無視されて城下は荒れ放題に

▼親藩・譜代大名に集中する国替え

改易と並んで幕府の大名統制策として威力を発揮した転封《てんぽう》、つまり国替えは、江戸前期に集中した。3代家光の頃まで多くの大名が改易に処せられたことは、歴史教科書では定番の記述だ。改易が多ければ転封も多くなるのは、言うまでもない。大名不在となった所領に新たな大名が国替えということで入ってくるからである。

当時は戦国の余風冷めやらぬ時期であり、幕府の礎はいまだ盤石ではなかった。有力外様大名が連合して反乱を起こせば、どうなるかわからない。大坂城を居城とする豊臣家が健在の時などはなおさらだった。幕府としては改易と転封を駆使することで大名の力を弱め、権力基盤の強化を図る必要があった。よって、改易と国替えにより、大名を戦略的に配置していく。

当時の国替えには、ある法則があった。関東・東海・上方に徳川一門（親藩）の大名や譜代大名を配置する一方で、外様大名はそれ以外の地域に追いやった。言い換えると、江戸と京都を結ぶ線を親藩・譜代で固める一方、外様は東北や遠く中国・四国・九州など西国に配置した。4代家綱の頃にはもはや大名の力を弱める必要もないほど、幕府の礎は盤石なものとなった。

だがやがて、改易や国替えがもたらす弊害への懸念が強まってくる。改易は浪人の増大による社会不安を招き、国替えは当事者の大名に甚大な財政負担を強いたからである。

国替えは全家臣とその家族全員が移動するものであり、その規模は数万石レベルの小藩でもゆうに1000人を超えた。これに大名や家臣の家財道具などの輸送も加わる。そうした荷物の運送費だけでも莫大な額に跳ね上がったことは、想像するにたやすい。

江戸初期に頻繁にみられた戦略的な国替えは、ほぼ完了していた。外様大名を数多く改易に処することで、遠隔地の西国にも譜代大名を数多く送り込むこともできた。

こうして、江戸中後期に入ると国替えは稀になる。大名の所領は固定する傾向が顕著となり、転封の対象も数万石から10万石程度の親藩・譜代大名に限られた。外様大名に至っては、事実上国替えの対象外となる。

親藩大名は将軍にとり一門で、譜代大名は家来筋であるから、遠慮なく転封を命じられた。かたや外様大名は、豊臣秀吉の時代は同僚だった大名である。そのぶん幕府に遠慮があったのは否めない。

譜代大名に転封を命じる場合は、役職就任によるものが大半だった。老中など幕府の要職に任命されるのは譜代大名に限られたが、西国など遠国に所領がある場合は関東や中部地方に転封されるのが慣例となっていたからである。

転封は、必ずしも一対一とは限らなかった。3大名を一度に転封する「三方領知替」も江戸時代を通じて10回を超えた。4大名が一度に転封する「四方領知替」もあった。

▼国替えは突然命じられる

譜代大名に転封を命じるのは役職就任によるものが多かったが、玉突き人事のように、とばっちりを受けて国替えを強いられた大名にしてみれば災難でしかない。いわば、もらい事故のようなものだった。

国替えの命令は突然にやって来る。

もちろん、例外もあった。幼少の身で姫路など要衝の地の大名となると、幕府は幼児が城主であるのは軍事上好ましくないとして国替えを命じるのが慣例だった。当の大名側は事前に予測できた。

しかし、国替えの大半は突然の通告だった。現代風にいうと、幕府からの国替えの命令は人事異動の内示にあたる。異を唱えることは許されない。異動命令に従いたくなければ退職の道を選ぶしかないが、江戸時代の大名の場合は改易の運命が待っていた。大名はその地位を失い、大勢の家臣が路頭に迷うことになる。

もっとも、幕府が国替えを命じたからといって、すぐに城や所領の引き渡し、及び受け取りが実行されたわけではない。人事異動に喩えれば、異動発令日とは城や所領の引き渡し（受け取り）の日であるから、それまでは3～4カ月の月日を要するのが通例だった。

幕府から国替えを命じられた時点で、該当の大名領は上知《あげち》されて幕府領の扱いとなる。

幕府が現地に派遣した上使立ち会いのもと新たな城や所領が引き渡されることで、ようやく国替えは完了するのである。

▼混沌とした引っ越し作業

延享4年（1747）3月19日、幕府は延岡藩牧野家（藩主牧野貞通《さだみち》）を常陸国笠間に、笠間藩井上家（藩主井上正経《まさつね》）を陸奥国磐城平に、磐城平藩内藤家（藩主内藤政樹《まさき》）を日向国延岡に移す三方領知替を布告した。

この国替えは、幕府の要職だった京都所司代に就任していた牧野を、関東の笠間に移すためのものだった。井上家や内藤家はそれに巻き込まれた形である。以下、内藤家の対応をみてみよう。

内藤家では国替えを通告された日、江戸藩邸から国元に向けて次のような指示を下した。

転封が命じられた以上、磐城平領は内藤家の所領ではない。家臣たちが住む城下の武家屋敷はもとより、屋敷内の竹木、領内の山林竹木も荒らさないようにせよ。

◎延享４年（1747）の三方領地替え地図

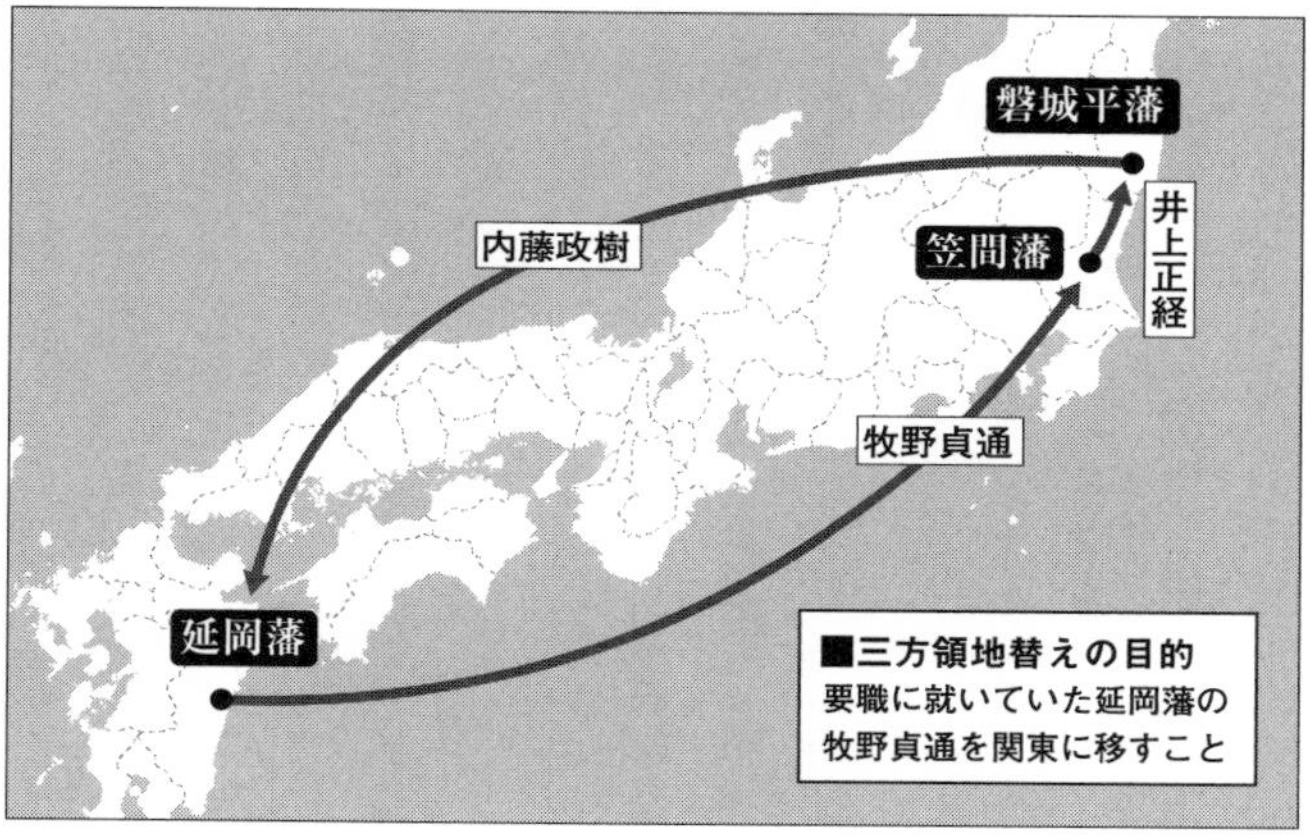

内藤家には、城も含めて家臣たちが今まで住んでいた屋敷を荒らすことなく、磐城平に移ってくる井上家に引き渡すことが求められていた。そもそも、藩士たちが住む屋敷は藩から下賜されたもので、いわば社宅だった。見苦しい箇所があれば、自主的に修繕して藩に返納しなければならなかった。

だが、城下や領内を荒らす所行を厳に慎むよう敢えて命じていることから、国替えの際に藩の指示はなかなか遵守されていなかったことが窺える。

天保11年（１８４０）11月1日、幕府は川越藩松平家を出羽国庄内に、庄内藩酒井家（藩主酒井忠器《ただかた》）を越後長岡に、長岡藩牧野家（藩主牧野忠雅《ただまさ》）を川越に移す三方領知替を布告した。

この三方領知替により、酒井家が長岡の城下に引っ越してくることになると、牧野家では家中に向けて次のように訓戒している。

国替えを命じられたからには屋敷は牧野家のものではなく幕府からの預かりものである。勝手に処分してはならない

だが、住んでいた屋敷に手を付ける事例は、跡を絶たなかった。

3藩では協議し、そのまま引き渡すものとして家居・建具・雨戸・畳・竈《かまど》・井戸（釣瓶《つるべ》付き）・土蔵・物置・梯子・樹木・庭木・石などを挙げ、見苦しければ手入れした上で引き渡すことを互いに申し合わせた。

要するに、列挙した家財道具などを取り外す行為がみられたのである。ただし、大破していたり、見苦しい建物や枯れ木は、見分の上ならば取り片づけてもよいとした。飛ぶ鳥跡を濁す所行に及んでは、引っ越してくる他家への体面に響くし、幕府から咎められ兼ねないという危惧が3藩の申し合わせの動機だった。

ただし、それ以外の家財道具を売り払うのは自由であった。転封先の川越への引っ越しの荷物を少しでも減らしたい家臣としては、売り払って引っ越し費用に充てたいところである。

利にさとい長岡城下の商人はこれに目を付け、家臣たちの屋敷を回って安く買い叩いた。蔵は古道具でいっぱいになる。その話が広まると、近郷近在の町人や農民が掘り出し物を求めて長岡に集まってきたため、城下はごった返したという（『長岡市史』通史編上巻）。

こうした光景は何も長岡藩に限ったことではない。国替えとなった全ての藩の城下でみられた。なお、この三方領知替は庄内藩領民が国替えに猛反対する運動を展開したことで、途中で中止となっている。

▼転封先で旧領主の尻拭いを強いられた大名

幕府から派遣された上使《じょうし》立ち会いのもと、城や城下町、そして関係書類の引き渡し（受け取り）が完了すると、新たな領主は城に、家臣やその家族は城下の屋敷に入っていく。

この時、ルールを守らない旧領主のせいで、新領主が尻拭いを余儀なくされることも、稀ではなかった。

陸奥国白河から姫路への国替えを命じられた、松平家の事例をみてみよう。

松平家が幕府から命を受けたのは、寛保元年（1741）秋のこと。国替えが通告された時、藩主松平明矩《あきのり》は江戸在府中だった。

翌2年（1742）3月、幕府の上使立ち会いのもと、松平家の姫路転封は完了する。明矩が帰国の途に就いたのは、5月12日のことである。同28日に加古川宿へ到着し、姫路城下からやってきた家臣たちの出迎えを受けた。

6月1日、出迎えの家臣を行列に加える形で、明矩は姫路に入った。はじめてのお国入りである。城下町で大年寄を務める国府寺《こくふじ》次郎左衛門の屋敷で衣裳を整えた後、姫路入城を華々しく果たす。

だが、城を見た明矩は、おそらくがっかりしたことだろう。姫路城は修繕が必要で、華やかさとは程遠かった。旧領主は、城に破損箇所があれば修繕した上で新領主に引き渡さなければならなかったが、当の榊原家は修繕を怠っていたのである。

止むなく、松平家は幕府の許可を得た上で、修繕に取り掛かる。大天守を補強し、諸門を修繕し、石垣も15箇所修築した。堀は浚渫《しゅんせつ》した。そのため、国替え早々、莫大な出費を強いられた。

修繕が必要なのは、城だけではなかった。旧領主の榊原家が明け渡した家臣たちの屋敷も、同様だった。建具や畳が不足し、住めるようにするための作事《さくじ》にかなりの費用が掛かった。

本来ならば、榊原家の方で見苦しくないよう対応しておかなければならなかったが、その点も怠っていた。屋敷を立ち退く際、榊原家の家臣たちが売り払ってしまったのかもしれない。特に足軽が住む長屋の破損は酷かった。仕方なく、藩は足軽1人に金1両ずつ支給して、長屋に住めるようにしている（『姫路市史』第三巻）。

武家社会では対面が非常に重んじられていたが、相手の顔が見えなければ、その限りではなかったのかもしれない。国替えの裏ではルールを破る形で、飛ぶ鳥跡を濁す事例が頻発していた。

江戸時代はアンダーグラウンド　その一三

エスカレートする大名行列の大規模化

――幕命を無視して豪勢な大名行列を実行

▼幕府は参勤交代の人数削減を命じていたが…

幕府が武家諸法度で義務付けた参勤交代の制度が諸大名に莫大な出費を強いたことはよく知られている。江戸と国元との間を単に移動するだけで、大名家の年間経費の5～10％が消えていった。

そのため、大名の財政を弱体化することが参勤交代の狙いだったと指摘されることも多いが、それは必ずしも真実ではない。

参勤交代の絵（楊洲周延『温故東の花第四篇旧諸侯参勤御入府之図』国会図書館所蔵）

確かに、幕府からしてみると諸大名の財政が豊かなのは好ましいことではない。幕府に対抗できるほどの実力を付けられては困るからだ。

だが、財政破綻まで望んだかというと、決してそうではない。

江戸時代とは、幕府と大名（藩）が権力者として社会を共同統治する政治システムが取られた時代だ。この政治システムを幕藩体制と呼ぶ。

そのため、大名による統治に支障が生じると、幕府自身に跳ね返ってくる仕組みとなっていた。つまりは幕藩体制の動揺につながる。参勤交代は厳守させたいが、だからと言って財政破綻を引き起こして共同統治に支障が生じては困るのである。

よって、幕府は参勤交代による財政負担に配慮する政治姿勢を示す。具体的には、従者の人数を減らすよう諸大名に強く促した。

参勤交代制が明文化された寛永12年（1635）の武家諸法度の第2条目にも、次のような趣旨の文面がある。

近年、参勤交代に伴う大名の従者の人数が甚だ多い。これでは出費も多く、結局はその負担を転嫁された領民が苦しむこととなる。今後は、大名家の事情に応じて従者の数を減らすように努めよ。

参勤交代の行列の人数が多過ぎることは大名家の財政はもちろん、領民に負担を掛ける。とどのつまりは、領内が円滑に統治できなくなることを危惧した。

幕府は参勤交代を励行する一方、従者の減少を促すことで行列の人数を減らそうと目論んだが、実際はなかなか減らなかった。というよりも、人数は増えこそすれ減ることはなかった。

8代将軍吉宗の治世にあたる享保6年（1721）10月に、幕府は参勤時の従者数を定める。その基準は石高だった。

1万石の大名の場合は騎馬の侍が3～4騎、足軽が20人、人足が30人。10万石の大名は騎馬の侍が10騎、足軽が80人、人足が140～150人という基準を設けた。

幕府が参勤時の従者数を石高に応じて定めたことにも、人数増加に歯止めを掛けたい思惑が秘められていた。

だが、この基準が守られることはなく、その数倍以上もの規模の行列が組まれ続けた。

▼従者の数が減らなかったのは見栄のせい

吉宗は享保改革と称される政治改革を断行した将軍として知られるが、参勤交代の制度にも大きな改変を加えた将軍だった。

当時、幕府の財政は破綻寸前の状況にあった。参勤時の従者数を石高に応じて定めた享保6年（1721）頃、吉宗は家臣である旗本や御家人への扶持米《ふちまい》支給に滞るほどの状況に追い込まれていた。このままでは、大量リストラをせざるを得ない。

同7年（1722）7月、幕府は諸大名に対して、1万石につき100石の割合で米を上納するよう命じた。いわゆる「上米令《あげまいれい》」であり、緊急避難的に諸大名に上納米を命じることで扶持米分を確保して急場を凌ぎ、その間に財政再建をはかろうと考えたのだ。諸大名には上納米を命じる代わりに、江戸在府の期間を1年から半年に短縮した。

これにより、江戸在府に伴う支出は大幅に減った。参勤交代制緩和とセットの形で、諸大名に上納米を納得させた格好である。

吉宗は上米令発令に際し、参勤交代制緩和の是非を儒学者の室鳩巣《むろきゅうそう》に諮問している。当時、鳩巣は吉宗の政治顧問のような立場にあった。

鳩巣は吉宗の諮問に驚く。参勤交代制度を緩和しては、幕府による諸大名の統制は弱まり、幕府権威が失墜し兼ねない。吉宗を思いとどまらせようと頭をひねる。

上納米の代償として諸大名の支出を減らす方法を考えた挙句、吉宗は江戸在府期間を半分に短縮することを思いついたが、鳩巣は他にも支出を減らす方法はあると考えた。参勤時の従者数を減らすよう命じたらどうかと申し立てた。

だが、吉宗はその意見を一蹴する。従者数を減らすよう諸大名に厳命したところで効果はないというのだ。

将軍の座に就く前、吉宗は徳川御三家の一つ紀州徳川家の当主を10年ほど務めていた。つまりは、参勤交代の経験を持つ将軍だった。従者数を減らしたくとも減らせない大名側のウラ事情は知り抜いていた。

幕府の命にもかかわらず、諸大名が従者数を減らせなかった理由とは何か。

参勤交代とは、当の大名の格を社会に向かってアピールする役割を担っていた。人数が多ければ多いほど、格の高さが視覚化されるため、いきおい諸大名は見栄を競って人数の競争に走った。

要するに、参勤交代の従者数には大名のプライドが掛かっていた。よって、幕府が減少するよう命じても実行されることはなかったのである。こうして、規定の人数を超過した参勤交代の行列が江戸と国元の間を行き来し続ける。

なお、上米令は同15年（1730）に廃止される。それに伴い、諸大名の江戸在府期間も再び1年となった。

▼江戸と国元だけ大人数

諸大名が参勤交代において、とりわけ自家をアピールしたい場所は二つあった。国元と江戸の2カ所だ。

国元では領民に領主としての威厳を見せつけたい、江戸では他の大名に負けたくないという気持ちがあり、その結果、国元と江戸では参勤交代の行列が大人数に膨れ上がることになる。

加賀100万石の前田家に至っては4000人にも達したというが、そんな大人数で国元から江戸までの道中を移動し続けたわけではない。大人数だったのは国元の金沢を出立する時と江戸入りの時だけで、金沢〜江戸間の道中では激減している。

参勤交代の行列と言っても、「本御行列」と「御道中御行列」(「略御行列」)の二つがあった。「本御行列」は国元を出る時や江戸に入る時などに組まれる行列。「御道中御行列」はそれ以外の時に組まれる行列を指す。後者は前者の3分の1から2分の1程度の規模だった。

国元を出立する時は大勢の家臣が供侍《ともざむらい》として行列に加わったが、その多くは参勤の行列が領内を出ると城下に引き返してしまう。行列には人足も大勢加わっていたが、行列が領内に出ると、荷物運び以外の人足も同じく引き返した。大名の威光を領民に知らしめるため、領内限定で大勢の家臣や人足が行列に加わっていたのである。

そして江戸入りの段になると、江戸藩邸から駆け付けた家臣たちやその日だけ雇用された人足たちが行列に大勢加わり、再び大行列が組まれた。

すなわち、国元を出立する時は領民の目、江戸に入る時は他の大名や江戸の人々の目を意識して「本御行列」が組まれた。それ以外の道中は「御道中御行列」と称して、半分以下に規模を縮小させたのである。

それでも、「御道中御行列」は幕府が定めた従者数を上回っていた。行列の人数の多さにより、大名はみずからをアピールし、そのプライドを満足させたかったのである（安藤優一郎『大名行列の秘密』ＮＨＫ出版生活人新書）。

将軍への贈り物は偽装品が当たり前

——大事だったのは中身よりも儀式そのもの

▼年始には将軍に模造刀を献上

諸大名は年始や季節の節目に、領内の物産などを将軍に献上することが義務付けられていた。こうした献上行為は将軍と大名の主従関係を再確認する儀礼として、江戸の武家社会では非常に重要視された。

幕府の立場からすると、大名からの献上品は服従度をはかるバロメーターであった。かたや大名からすると、将軍への献上とは自家を将軍にアピールできると同時に、他大名と

年始の江戸城と登城風景（楊洲周延『千代田之御表　正月元日諸侯登城桔梗下馬』国会図書館所蔵）

の差別化もはかれる貴重な機会だった。江戸という舞台で、お国自慢の品を献上することで自家をアピールでき、そしてプライドが満足されたのである。

ただ、互いが権威付けを目的としていたことから、献上品自体の扱いは、次第にぞんざいになっていく。むしろ、大名からすれば献上品の選定が、将軍からすれば献上品の処理がけっこうな負担だったようだ。献上を介した儀礼は、傍から見ると無意味なものへと変化していく。

献上行為は、年始にはじまる。

年始挨拶のため江戸城に登城してくる大名は、武士の象徴である太刀と馬を、将軍へ献上することになっていた。この年始の献上を皮切りに、四季折々のお国自慢の品が献上された。これは「時《とき》献上《けんじょう》」と呼ばれた。

ところが、太刀の場合、実際に献上されたのは木刀である。馬も金子《きんす》（馬代）で献上された。その木刀は、上り太刀、飾り太刀と呼ばれた。黒塗りのもので、長さは2尺（約60センチメートル）。柄の糸は紫色であり、鰐口《わにぐち》の覆輪《ふくりん》・縁・鐺《こじり》は真鍮で造られていた。

諸大名は、江戸市中の献残屋《けんざんや》から上り太刀を購入している。献残屋とは不要な贈答品を安く買い取る一方、贈答品を販売する商人のことである。いわば江戸のリサイクルショップだった。

つまり、幕府は献上された品を献残屋に売り払う一方で、諸大名は献残屋から献上品を購入した。献上する側、献上される側の都合に応じた商売が成り立っていたことがわかる。

幕府にとってみると、年始のたびに大名の数の分だけ献上されたわけだが、そんなに刀があっても困ったはずだ。だから、真剣ではなく木刀だったのだろう。

しかし、木刀にしても、そんなにあっても困るわけであり、買い取ってくれる献残屋の存在は有り難かった。かたや刀を献上しなければならない大名側からすると、木刀ならば出費が少なくて済むメリットがあった。要するに献残屋から購入したのであり、上り太刀という名の木刀が使い回しされていた。

二本松藩丹羽家の事例をみると、上り太刀にも上・中・下の3ランクがあり、上の価格は銀52匁《もんめ》5分、中は6匁、下は2匁8分。将軍に献上する際は、もちろん上のランクだった。

将軍に領内の物産品を献上する時は、老中・若年寄・御側衆などの幕府実力者、大奥、そして付き合いのある諸大名や旗本にも同じ品を贈るのが習いであった。献上品の残り、つまり献残品という名目で贈ったが、これは御配とも称された。

献残品（御配）は将軍への献上品よりも、多少質を落としたものになっていた。その分、将軍への敬意が示されている格好である。こうした品も、諸大名は江戸城周辺に店を構えることが多かった献残屋で購入した。

献上・贈答品の購入・引取先が献残屋に限定されたわけではない。江戸藩邸に出入りする商人からも購入している。

だが、献上される側の幕府にせよ、献上する側の諸大名にせよ、江戸城周辺に店があった方が何かと便利だった。このような需給関係を踏まえて、江戸のリサイクル社会を支えた献残屋は江戸城周辺に集中したのである。

▼国産品の偽装

献残屋というビジネスを成り立たせるほど、献上・贈答(再生)品のマーケットは大きかった。しかし、贈る側の大名にとっては、それだけ大きな財政負担となっており、献残屋に依存することで少しでも負担を減らそうと図る。

その結果、次のような偽装行為まで横行していた。お国自慢の品と称しながら、実は国産品ではないものも多かった。第9代平戸藩主の松浦静山《せいざん》は随筆の『甲子夜話《かっしやわ》』(平凡社東洋文庫)で、献上品が国産品ではなかった事例を3例ほど紹介している。

静山が最初に紹介するのは、土佐藩山内家が献上した鰹節《かつおぶし》である。土佐産の鰹節は、土佐節として人気の高い名産品であり、贈答品としても喜ばれた。

よって、土佐藩では土佐節を将軍に献上したが、その品は日本橋に店を構える大坂屋武兵衛という出入り商人に調達させたものだった。大坂屋は三陸地域で生産された鰹節を買い集めていた商人である。

土佐藩では大坂屋に調達させた上質の鰹節を、土佐の国産品(土佐節)として将軍に献上した。つまり、三陸産の鰹節が土佐節に化けていた。はるばる土佐から取り寄せるより

◎偽装された将軍への贈り物一例

藩名	献上品の名目	偽装内容
土佐藩	土佐節（土佐産の鰹節）	日本橋の商人が三陸地方で買い集めた鰹節を、土佐節と偽って献上
桑名藩	桑名産蛤	房総半島の南に位置する安房の蛤を、桑名産と偽って献上
福岡藩	博多の練酒	博多産ではなく、江戸の福岡藩邸内で醸造した練酒を献上

も、はるかに安上がりなのは言うまでもない。

次に紹介するのは、桑名藩松平家の蛤《はまぐり》献上の事例である。「その手は桑名の焼き蛤」というフレーズもあるように、蛤は桑名の名産だった。しかし、桑名から取り寄せていては経費が掛かるとして、桑名藩は江戸に近い安房《あわ》産の蛤を桑名産の蛤として献上したという。

3番目に取り上げる博多の練酒《ねりざけ》は白酒《しろざけ》の代表格として知られており、福岡藩黒田家では地元名産の練酒を将軍に献上するのが習いであった。だが、これは博多から取り寄せたものではなく、福岡藩の江戸藩邸内で醸造された練酒だった。

いずれの事例も、国元からわざわざ取り寄せるとなると、そのぶん費用も掛かってしまう。少しでも経費を浮かせるため、こうした偽装工作が取られたが、氷山の一角に過ぎなかったことは想像に難くない。

献上される側の幕府にしても、そうした裏事情は先刻承知していたはずだ。献上行為自体に意味があり、その献上品が偽装されたものか否かは二の次だったのだろう。

▼献上品の結末

こうして、献上品の偽装が継続していくが、そもそも将軍自身は献上された品を賞味したのか。その答えはまったくＮＯである。

献上品は将軍の御前で披露されるだけで、砂糖や鰹節などは封のまま、江戸城の台所に下げられた。台所を管理する役人の懐に入ったのだ。絹・木綿・紙類は封がされたまま、将軍の御側近く仕える者が拝領したという（石井良助編『増補新訂版江戸町方の制度』新人物往来社）。

献上品と言っても、将軍が一つ一つ賞味したわけではなく、将軍周辺の者たちがおこぼれに預かっていた。三百諸侯から献上されるとなれば、その数は膨大であり、一つ一つ賞味など到底できない。よくよく考えてみれば当然のことだが、献上側からすれば何とも空しい話である。そのことは献上側の大名家も知っていたに違いない。

そうした裏事情は、同じく献残品にも当てはまる。贈られても、賞味せずに献残屋に売り払うことが多かっただろう。

このような現実が、諸大名が献残屋への依存を強め、献上(国産)品の偽装工作に走る要因となる。そして、将軍周辺の者たちはそのおこぼれに与かったのである。

幕府の目を盗んで偽金を量産する大藩

――偽金で近代化や戦争の資金を集める

▼幕府が藩に通貨発行を許可したケース

江戸時代、幕府は通貨（金貨・銀貨・銭貨）の鋳造を独占することで、打ち出の小槌のように歳入を増やした。鋳造経費を差し引いた分をそのまま自身の歳入、すなわち財源に充当できたからである。原材料である金銀銅は、国内の鉱山をおおむね直轄することで、事実上独占していた。

一方、藩からの願いを受けて、通貨の発行を特別に許可する場合もみられた。領内にお

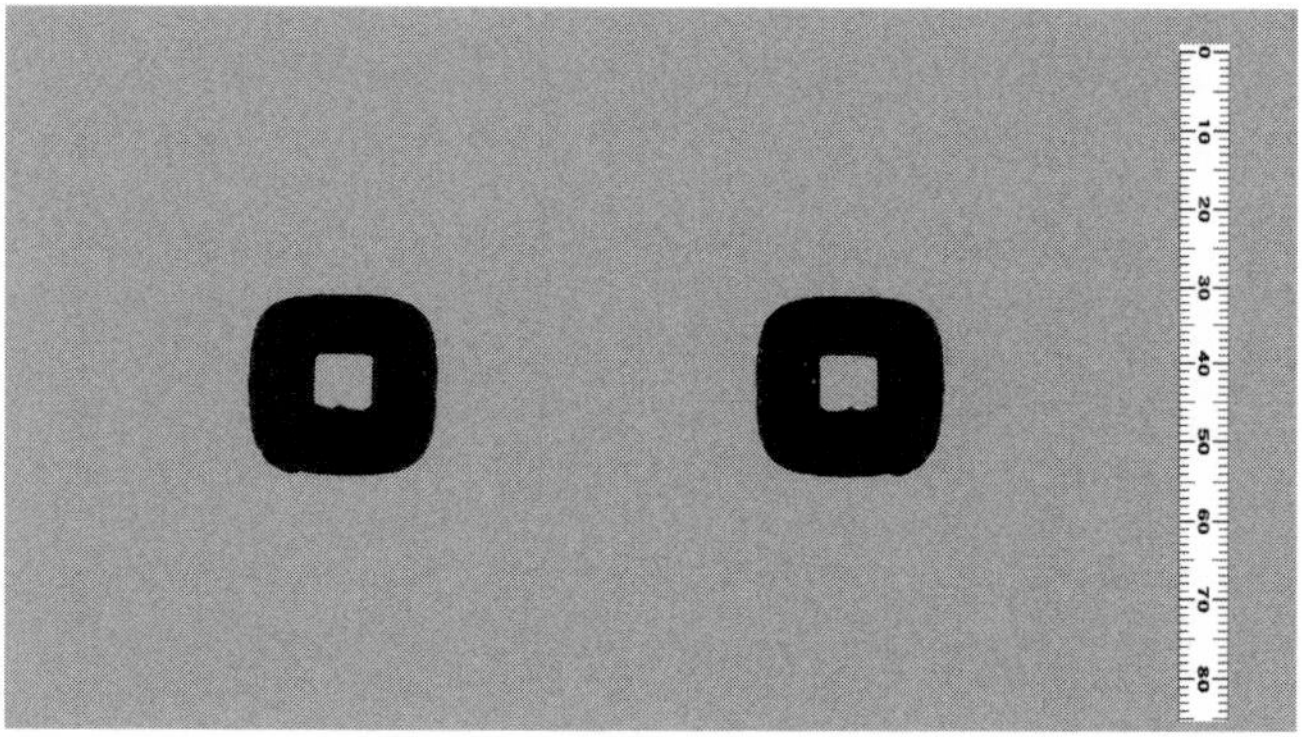

仙台通宝。天明４年（1784）、仙台藩が幕府より５年限定で、鋳造を許可された（東京大学経済学図書館所蔵）

ける通貨の流通を増やすことで、経済の活性化をはかろうと、藩側は目論んだのだ。

仙台藩が鉄をもって鋳造した仙台通宝などは、その一例である。寛永通宝のような円形ではなく四角形の銭貨だったが、その角は丸まっており、「撫角銭《なでかくせん》」とも呼ばれた。あくまでも領内限りでの通用に限定されたが、実際は領外でも通用していた。もっとも、質が悪く藩内外で不人気だったようだ。この価値の違いに目をつけて、江戸時代後半には仙台通宝を寛永通宝の束に紛らせ、詐欺を働く者まで現れた。詐欺の波は江戸にまで及んだため、通貨鋳造を独占する幕府は警戒し、取り締まりを強化している。

幕府権力が弱体化した幕末に入ると、さらに大胆な犯罪が画策されることとなる。しかも手を染めたのは、幕府と共同統治を担ってきた諸藩である。幕府鋳造の通貨と同じものを、諸藩が密かに発行する事例が出てきたのだ。薩摩藩によって天保通宝が密造されたのは、そんな一例である。鋳造権を独占する幕府からしてみれば、偽金に他ならない。

▼幕末の名君島津斉彬の鋳銭計画

薩摩藩11代目藩主の座に就いた島津斉彬は、薩摩藩の近代化、すなわち富国強兵や殖産興業に非常に熱心な人物であった。

鉄砲や大砲を製造できる反射炉（金属を製錬・溶解するための炉）、ガラス工場や蒸気機関の製造所、技術の研究開発を目指す精煉所《せいれんじょ》などを、次々と建設。精煉所では硫酸や硝酸・塩酸の製造のほか、綿火薬、陶磁器用うわ薬、洋酒、パンといった物産開発まで試みた。そうした工場群（「集成館」と総称される）は、現在の鹿児島県の磯の浜に建設された。

斉彬が手掛けた多岐にわたる近代化事業（「集成館事業」と称される）により、薩摩藩の富国強兵や殖産興業は大いに進んだ。維新回天の原動力にもなるが、これだけの事業であるから、多大な経費が必要だった。

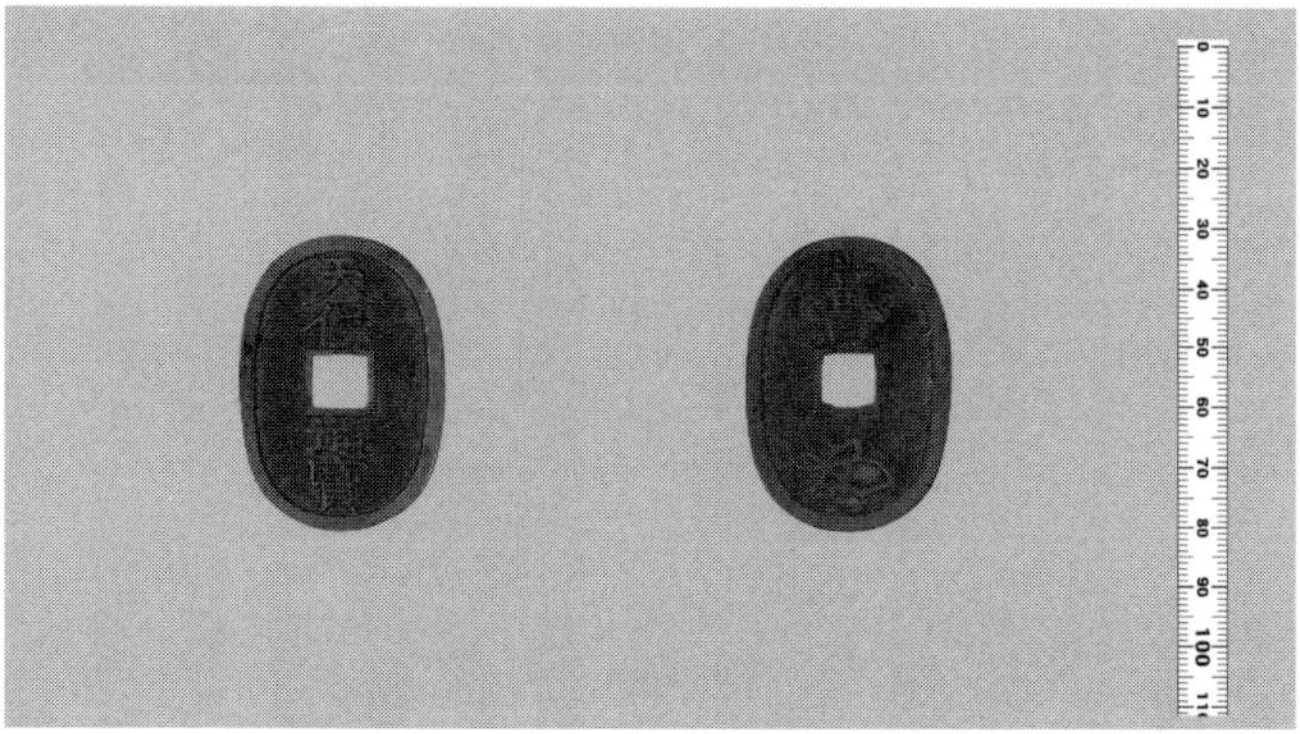

天保6年（1835）から幕府が鋳造した天保通宝。銭100文に相当する銭貨であったことから、「当百銭」とも呼ばれた。のちに薩摩藩により偽造される（東京大学経済学図書館所蔵）

当時、薩摩藩の財政は好転しており、弘化元年（1844）には50万両の備蓄に成功していたものの、これでも近代化事業の遂行には、とても足りなかった。斉彬としては、新たな財源を見つける必要があった。そこで目を付けたのが幕府通貨の密造、要するに偽金造りなのである。具体的には、先に取り上げた天保通宝の鋳造を目指した。

このために利用されたのが、同藩属領の琉球王国である。「大量の天保通宝を与えれば、それだけ琉球国の歳入が増える」という理由で、薩摩藩は幕府から鋳造許可を取り付けようと目論んだ。琉球国内限定の通貨だったが、斉彬の真の狙いはこの鋳造にかこつけて、天保通宝を大量に密造することにあった。密造した天保通宝を、薩摩藩の富国強兵や殖産興業に必要な事業の財源にしようとしたのだ。

この目的のために、薩摩藩は鋳造に必要な技術力を身に付けようと、幕府から銭の鋳造を請け負っていた江戸鋳銭座《ちゅうせんざ》の鋳銭職工・西村道弥《どうや》を雇い入れている。藩士市来四郎《いちきしろう》や鋳物師《いものし》・千葉助十郎たちに、鋳銭の技術を習わせた。ペリーが来航した嘉永6年（1853）のことである。その上で翌々年の安政2年（1855）11月、琉球国内限定で通用する琉球通宝10万貫を、10年間にわたって鋳造したいと、薩摩藩は幕府に願い出た。

だが、斉彬の意図を察したのか、幕府は許可を出さなかった。こうなると、普通は鋳造を諦めるところだが、斉彬は違った。天保通宝や真鍮四文銭の鋳造、つまりは密造を重ねる。その上で、琉球通宝の鋳造許可を再度願い出るための準備に取り掛かった。

▼琉球通宝の鋳造と天保通宝の密造

同5年（1858）7月、斉彬が急死したことで鋳銭計画は頓挫してしまうが、跡を引き継いだ島津久光によって、再度計画されることになる。

斉彬の死後、藩主の座に就いたのは異母弟久光の長男茂久《もちひさ》だが、藩の実権を握ったのは

薩摩藩が幕府の許可を得て鋳造した琉球通宝。表に「琉球」、裏に「当百」と刻まれている（出典：ColBase ／東京国立博物館所蔵）

藩主実父の久光である。久光は斉彬の遺志を継いで薩摩藩の富国強兵を目指す一方、幕末の政局をリードしようと活発な政治工作を京都で展開する。幕府権力が弱体化したことで、政局の舞台は江戸から天皇のいる京都に移っていた。

しかし、それには先立つものが何よりも必要だった。政界工作費だけでなく、富国強兵、殖産興業に必要な事業の財源も確保しなければならない。そこで琉球通宝の鋳銭を、薩摩藩は幕府に再び願い出ることとなった。

文久2年（1862）8月、薩摩藩は琉球通宝の鋳造を再び願い出ると、今度は幕府の許可を得ることができた。藩のお抱え医師である安田轍蔵《てつぞう》という者が、幕府の勘定奉行・小栗忠順《おぐりただまさ》と親しかったことが大きかったようだ。安田をして幕府に根回しさせたのが決め手となる。この功績により、安田は鋳造を請け負った。表に「琉球通宝」、裏には「当百《とうひゃく》」と刻まれた。

だが、琉球通宝の鋳造は日ならずして、藩直営の事業に変更される。安田が提示した請負条件が薩摩藩にとって不利だったこと、安田が幕府の隠密ではないかという疑念を持たれたことが、その理由とされる。

こうした紆余曲折を経て、琉球通宝の鋳造が、集成館と総称された工場群ではじまった。工場群の一つとして鋳銭場が設立され、同年12月に開業となる。だが、薩摩藩が琉球通宝の鋳造に着手した矢先の翌3年（1863）7月2日、薩英戦争が勃発してしまう。これにより城下は火の海となり、琉球通宝の鋳造場は焼失。鋳造は一時中断する。

▼イギリスへの軍事費支払いに密造通貨を使用

手痛い打撃となったが、通貨密造はこれで終わるどころか、加速することとなる。

薩英戦争で軍事力の差を思い知った薩摩藩は、イギリスと提携する路線を選択した。同国の援助を受ける形で、富国強兵路線を推し進めるようになっていく。その資金を賄うためには、密造通貨が必要不可欠だった。薩摩藩はすぐに新しい工場を建設し、天保通宝の密造を急いだ。

慶応元年（1865）までの3年間で、薩摩藩は天保通宝290万両余の密造に成功した。経費を差し引いても、その3分の2が利益になったというから、約200万両の臨時収入だった。薩摩藩はこれをもって、イギリス軍艦の砲撃で破壊された砲台の再建はもとより、鉄砲や大砲の大量製造など軍事力の強化に必要な経費に充てた。富国強兵に要する財源とした。

それから3年後の慶応4年（1868）に勃発した戊辰戦争で、薩摩藩は新政府軍の主力として全国に転戦し、幕府を支持する諸藩を駆逐していく。その際には莫大な戦費が使われたが、この天保通宝の密造により充分に賄えたという（芳即正『島津久光と明治維新』新人物往来社）。

幕府からしてみれば、琉球通宝の鋳造を薩摩藩に認めたことが、回り回って、みずからの首を絞めることになった。何とも皮肉なことである。さらには、薩摩藩による大量の偽金造りが幕末における通貨や経済の混乱を助長し、幕府が自壊するスピードを速める要因の一つになったことも見逃せない。こうして、アンダーグラウンドな世界を黙認してきた徳川の世は、ついに終わりを迎えることとなった。

著者紹介
安藤優一郎（あんどう・ゆういちろう）
歴史家。1965年、千葉県生まれ。早稲田大学教育学部卒業、同大学院文学研究科博士後期課程満期退学（文学博士）。JR東日本「大人の休日倶楽部」など生涯学習講座の講師を務める。おもな著書に『江戸の間取り』『大名格差』『徳川幕府の資金繰り』『維新直後の日本』『大名廃業』（彩図社）、『15の街道からよむ日本史』（日本ビジネス文庫）、『東京・横浜激動の幕末明治』（有隣新書）、『徳川時代の古都』（潮新書）などがある。

章扉・一章見出し画像:楊洲周延『旧幕府御大礼之節町人御能拝見之図』（東京都立図書館所蔵）
二章見出し画像：葛飾北斎『北斎漫画』（メトロポリタン美術館所蔵）
三章見出し画像：楊洲周延『千代田之御表』（国会図書館所蔵）
四章見出し画像：歌川国貞［仮名手本忠臣蔵］（東京都立図書館所蔵）

江戸時代はアンダーグラウンド

2024年3月19日　第1刷

著　者　安藤優一郎

発行人　山田有司

発行所　株式会社彩図社
東京都豊島区南大塚3-24-4
MTビル〒170-0005
TEL：03-5985-8213　FAX：03-5985-8224

印刷所　シナノ印刷株式会社

URL：https://www.saiz.co.jp　https://twitter.com/saiz_sha

ISBN978-4-8013-0710-0 C0021